とつが、「ウェズデンゲル」である。

民族の精神を支える根幹であるにもかかわらず、独自の文字がないために口述で伝えるのが基本だった。ある部分を詳しく説明したものや、チェチェン語の教科書としての出版はあっても、一般の読者向けに全体像を示す書物はなかった。そこで今回、世界に先がけて日本で出版するために、作家のムサー・アフマードフ氏にロシア語での執筆を依頼したのである。したがって、それをもとにして日本語に訳された本書が、チェチェン精神の源＝ウェズデンゲルを著した世界最初の一般書となる。

ロシア兵の母たちを助けるチェチェン人

一九九四年一二月、ロシアからの独立を宣言していたチェチェン共和国にロシア軍が侵攻した。約四カ月後の一九九五年三月、ロシア兵の母親たちとチェチェン女性が、モスクワからチェチェンの首都グローズヌイまで平和行進をした。最初から最後まで彼女らと行進を共にしたことが、私のチェチェンとの関わりの第一歩だった。

当時のチェチェンでは、ロシア軍による大規模な虐殺が起き、あたりは瓦礫《がれき》の山、交通機関も電話も水道も全面的にストップ。人びとは逃げまどい、不明の家族や親戚・友人を探して大混乱の状態であった。ロシア軍は住民を拉致し、強制収容所に送り込んでもいた。

そのチェチェンにロシア兵の母親たちは押し寄せ、行方不明の息子を探していた。ロシア当局は兵士の家族に何の情報も与えていなかったからだ。アンナとターニャという二人のロシア兵士の母に尋ねると、「ロシア軍機関や政府関係機関に話をしてもまったく相手にしてもらえず、チェチェン人だけが助けてくれた」と言っていた。

チェチェンの人びとは、大挙して訪れるロシア兵の母たちに食糧や宿を提供し、車を提供するなど、協力を惜しまず、精神的にも支えていた。いま、目の前で自分たちの町や村を破壊し、家族や友人を殺し拷問しているロシア兵の母親たちを助けていたのである。

その姿を見て、私は魂を揺さぶられた。チェチェンには、人類にとって大切な何かがあるに違いない、と確信した。振り返って考えてみれば、その「何か」を探すために何度もチェチェンを訪ねたのかもしれない。初訪問から十年を迎えようとしていた二〇〇四年一一月、あるチェチェン人家庭のダイニングキッチンで、ようやくその「何か」を見つけたのである。

◉民主主義と共存する伝統思想―ウェズデンゲルとの出会い

チェチェンとの国境から数キロほど離れたイングーシ自治共和国の家に滞在し、封鎖されているチェチェンに入れないかと、事前調査取材をしていたときのことである。

その家のダイニングキッチンで、四〇歳くらいのチェチェン人男性M氏と、話し合っていた。〇四年一一月といえば、イラクへの自衛隊派遣や市場原理主義の暴走に象徴されるように、日本の戦後民主体制は危機に瀕していた。また、イラクはもとよりチェチェン問題も出口が見えない。そのような閉塞感に陥りながら話していたのを覚えている。

私のロシア語能力では、とても細かな意思疎通はできず、二人の話はだんだんと筆談に変わっていき、そのうちに三角形や丸や四角や線を描くようになっていた。だが〝同じ言語〟で語り合える仲だけに、互いの言わんとすることは理解できたと確信する。

私とM氏とのやり取りは、簡略化すると以下のようであった。

林　日本を今よりよくするには、民主主義や人権思想など近代思想だけでは限界がある。古神道・仏教・儒教・文化・慣習・生活様式まで含めて、近代化する以前から脈々と続くものも重要だ。ヨーロッパや北米なら、それほど悩む必要はない。自由・平等・民主・平和・人権を訴えればいい。
しかし非ヨーロッパ圏では、その地域に根ざした古いものと近代思想の両方のバランスをとることが、決定打になるような気がする。

M　まったくその通りだ。トルコ建国の父といわれるケマル・パシャ（一八八一年〜一九三八年）を思い出した。イスラム教のオスマン帝国を共和制にして政教分離し、近代国家にした（一九三四年に女性参政権も実現している）が、古いものも維持している。悪い面もあったが……。

林　日本には、主権在民・基本的人権の尊重・非戦を柱にした優れた憲法がある。だから憲法の理念を中心に国を導こうという考えは正しい。しかし、それだけじゃ無理があると俺は感じている。長い間受け継がれてきた独自のものがないと、軍国主義やファシズムに対抗できないのではないかとさえ、実は思っているんだ。

M でも、日本には武士道があるじゃないか。それを土台にしたらどうか？

林 確かにそれは重要な要素だと思う。が、伝統を重んじれば、それを悪用する右翼や権力者が出てくるはずだ。現にそうされてきた事実がある。

M それはイスラム世界（チェチェン）も同じだ。ロシアの侵略やキリスト教先進国による支配に反発する人たちの中に、過激なイスラム主義を主張する勢力も現れているからね。伝統とか言って近代主義に反発してそのまま行けば、ファシズム化する恐れがある。お前の心配はよくわかる。そうならないため、具体的に何が伝統なのか、何を守って何を否定するのか。何を廃止して新しく変えるのか、はっきりした言葉の定義も含めて徹底的に明文化すればいいんだ。

林 それはそうだ。定義して、都合のいい解釈をできないようにすればいい。でも、難しいよね。

M すべて書かれてるわけじゃないが、チェチェンには、伝統的な道徳を昔語りで伝えているものがある。男のコーデックス（掟・行動規範）を示したもので、「ウェズデンゲル」というのがあるんだ。

林 ウェズ……？

M そう、ウェズデンゲル。それを土台にして我々は行動するんだが、言ってみればチェチェン式武士道だ。

二〇〇四年一一月九日。私がはじめてウェズデンゲルの存在を知った瞬間だった。右の会話がなければ、本書の刊行はありえなかった。その後M氏は、原作者のムサー・アフマードフ氏との仲介の労をとってくれたのである。

その当時は、外国人がチェチェンに入って自由に動ける状態ではなかったのに、M氏との会話のあとから、まるで開かずの扉が次々と開くように事が進み、チェチェン領内に入り、次から次へと会いたい人に会えた。いま考えても不思議である。そして翌〇五年一月に、首都グローズヌイにある、雑誌「バイナフ」編集部でムサー・アフマードフ氏に出会ったのである。

❁恋人のために死のうとした男&一振りの短剣

ウェズデンゲルは、チェチェンにイスラム教が普及する前から存在していた。

高潔・忍耐・寛容・勇敢・慈悲・仲裁・自由などの概念を、具体的なエピソードで口述するもので、コーランや聖書のような聖典があるわけではない。有名な二つの言い伝えを紹介しよう。以前からチェチェン滞在中に私が聞かされていた話である。しかし、二つともウェズデンゲルの中のエピソードだとは知らなかった。

昔、ある青年が結婚を申し込もうとしていたが、隣国グルジアの有力者が「紛争に巻き込まれたので加勢してほしい」と青年に連絡をよこした。必ず生還すると心に誓い、彼は恋人を残してグルジアへ赴いた。

しかし紛争は長引き、だいぶ年月が経ってからチェチェンへ生還する。ところがその翌日は、かつて結婚を約束した女性がほかの男と結婚する披露宴だった。青年は戦死したと伝えられた彼女は、ほかの男性からの求婚に応じたのだ。

当時、チェチェン人男性は一年に一度召集がかかり、軍事演習をしていたが、集合場所に最後に到着したものを処刑する風習があった。その召集日が披露宴の翌日だったのである。「これでは彼女の夫は集合時刻に間に合わない」と思った青年は、披露宴でにぎわう村をあとにして、ひとり集合場所に向かい、物陰に隠れていた。

翌日、続々と集まる男たちに続いて、最後に彼女の夫が門をくぐった。それを見届けた青年は門をくぐった。長老たちは、青年の真意をくみとり、最後に到着したものを処刑する決まりは廃止された。

これは高潔さを示すエピソードとして語り継がれている。現実がどうかではなく、かくありたい、かくあるべし、という規範を示した古代伝説が、二十一世紀の今も広く語りつがれることに意義がある。

もう一つのエピソードは、一振りの短剣【キンジャール】の話だ。

あるとき、若者がケンカになり決闘でケリをつけることになった。ところが短剣を持っていたのはひとりだけだった。短剣を所持していた若者が相手を切りつけると、「今度はお前の番だ」と傷ついた相手に短剣を渡した。受け取った若者は相手を切った。これを繰り返して生き残ったのは短剣の所有者だった。

チェチェンには「血の復讐」という風習があり、命や尊厳を奪った者に対し親族が復讐するのである。殺す場合もあるし、過失のある者が罪を認めて謝罪すれば、金銭や物品で償うことも含まれる。この〝一振りの短剣〟の場合、決闘して殺された若者の親族は、武器を持っていた相手が正義を守って公正に戦ったことを認め、彼の罪を許したという。

これも何度か聞いたことがある話で、チェチェンらしい話である。

平等社会と自由の関係

ウェズデンゲルで最も重視されるのは、自由【マルショー】だ。「個人の自由」と私たちが口にする意味も含まれるが、「自由」とは、自分の意志で自分に課した道徳に即して自分を保つことである。チェチェン社会は、王侯貴族などの階級が成立したことはなく、平等である。ロシア化されるまでは、金銭や権力よりも精神性が重んじられ、有力者が豊かになったとしても衣服や食べ物は質素で、一定以上の財産を得たら他者に分け与えた。それをしなければ、村から追放され、社会的に抹殺されたのである。

自由（私欲追及の自由）を厳しく制限することによって、自由と平等を確保し、各村は自治を行っていた。大きな問題が起きる場合は、選出された人物で構成する「全国会議」が議論し決定する。全国会議と集落の連絡と調整をはかる役職も存在していた。これが、ロシア帝国に併合される前のチェチェンの姿であった。

義務についても言及され、人間が引き受ける義務とは、自分自身→家族→氏族→村→民族→国に対してである。これは祖国愛にも通じる。あくまでも自分自身が出発点で最後に国があり、矢印が逆になることはない。国の概念は、国家=統治機構ではなく、大きな共同体という感覚だ。

❁拝金主義と暴力主義の対局にあるもの

国家主義（ナショナリズム）や市場原理主義と対局にあるのが、ウェズデンゲルの精神だとも言えるだろう。経営破綻《はたん》を引き起こした米国のビッグスリー（三大自動車メーカー）の最高経営責任者は、自家用ジェット機でワシントンに駆けつけ「税金で助けてほしい」と懇願した。彼らと対象的な行動規範が、ウェズデンゲルである。

十年以上に及ぶ紛争で、物理的破壊とともに精神も崩壊し、伝統文化も崩れかかっているチェチェン。いま、著者のムサー・アフマードフ氏らチェチェンの識者たちは、政治経済の崩壊と精神的な危機から脱し、紛争を非暴力的に解決するためにウェズデンゲルのような伝統を復活させ、そこに活路を見出そうと考えている。もちろん、昔風の生活に戻れということではなく、忘れ去られた伝統を今の生活に取り入れることである。両者は似ているようで、まったく違うものである。

チェチェンで出会った人びとを思い出しつつ本書を読み終えた今、私は書棚から三冊の本を取り出してみた。それは『葉隠《はがくれ》』（山本朝常《つねとも》＝講術／田代陣基《つらとも》＝筆録　一七一六年）、『武士道』（新渡戸稲造＝著　一九〇〇年）、『男の作法』（池波正太郎＝著　一九八一年）である。

この三冊に本書を含めた四冊は、内容・時代・民族も違うのに、人を支える杖、荒波を乗り越えて進むための海図として、共通の役割があるように思える。これらの本のページをめくり、「この部分は〇、これは×、いや△かもしれない」と印をつけてみた。なぜなら、決して過去に戻るのではなく、現在と未来に活かすのだ、と心に刻むためだ。

おそらく、地球上のさまざまな民族・国・地域で、ウェズデンゲルのような役割をもつ、独自の伝統文化や習慣・規範があるに違いない。名も知られぬ小さな民族や共同体であっても、それは同じだろう。

市場原理主義や「テロとの闘い」という名の侵略戦争を拒否し、グローバリズム（アメリカ化）と決別し、ローカルな道徳・習慣・行動規範・哲学などを二十一世紀の世に活かしつつ、新しい社会を創る。その大切さを本書は問いかけているように思える。

もくじ

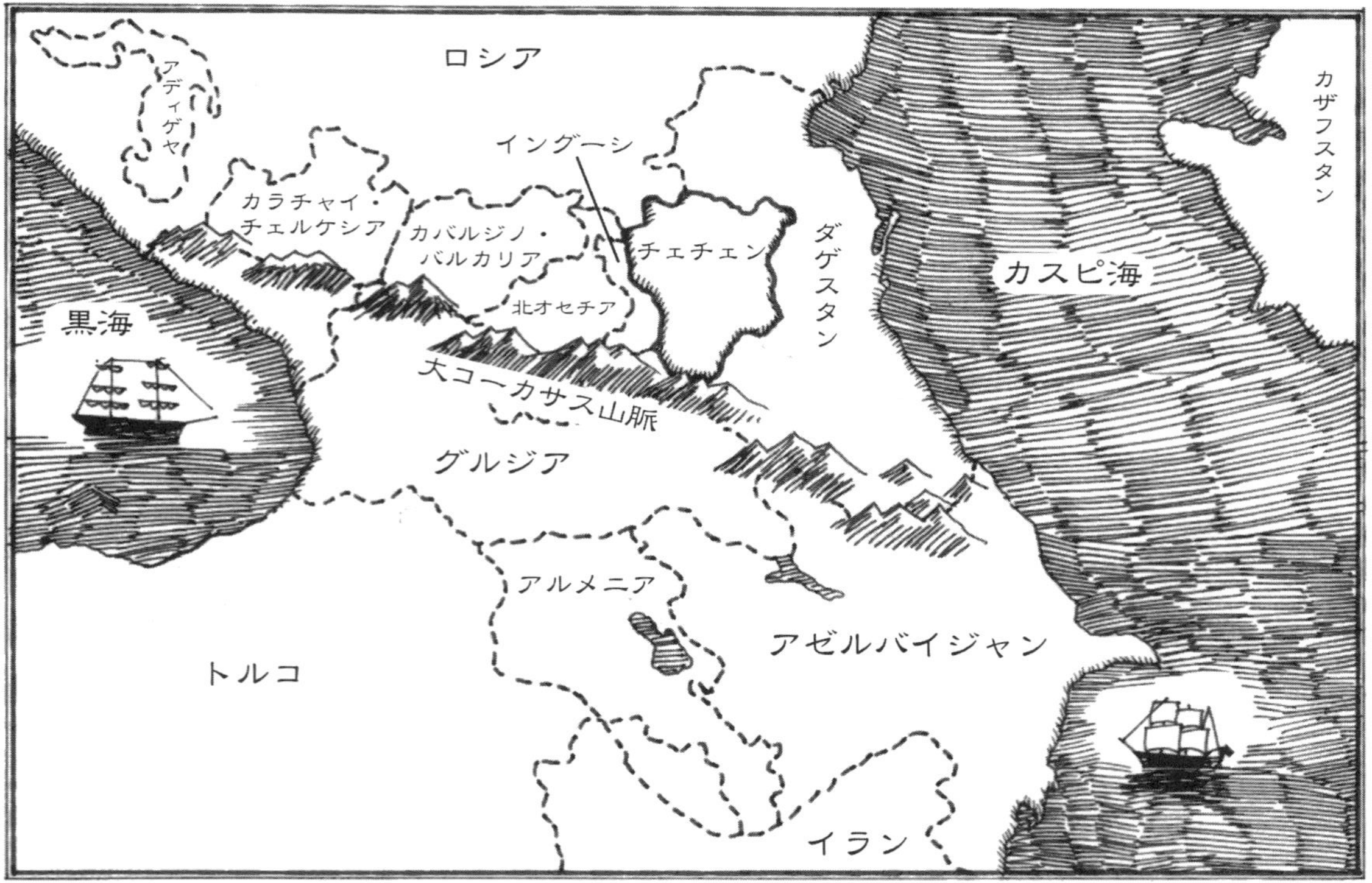
ロシア
アディゲヤ
カラチャイ・チェルケシア
カバルジノ・バルカリア
北オセチア
イングーシ
チェチェン
ダゲスタン
カザフスタン
カスピ海
黒海
大コーカサス山脈
グルジア
アルメニア
アゼルバイジャン
トルコ
イラン

◇プロローグ──社会の崩壊に苦しむチェチェン

チェチェンは、二度にわたる戦争（一九九四年から続いて起こった第一次、第二次チェチェン戦争を指す。これにより、人口の四分の一にあたる二十万人前後の民間人が犠牲になった）の後遺症と、社会の崩壊に苦しんでいる。

戦争によって、多くの人びとが難民化して祖国の大地を離れ、精神的な危機に陥っている。

❁伝統と信仰と道徳

チェチェンの伝統について、いくばくかの知識をもつ私や仲間たちは、この危機から脱出するために、チェチェン語（チェチェンの人びとは母語としてチェチェン語を話し、学習によってロシア語を話すことが多い：訳注）と伝統を復活させ、そこに活路を見い出そうとしている。

もちろん、昔風の生活への逆戻りをしようというのではない。例えば、忘れ去られた伝統を、今の生活の中に取り入れることだ。伝統はしばしば進歩的でもある。

チェチェン人同士の間で起こっている紛争（ロシア政府によるチェチェン戦争の「チェチェン化」政策などにより、チェチェン人同士が分断・対立させられている：訳注）を非暴力的に解決し、復興を軌道に乗せるための道具として、伝統を見直そうとしているのである。

道徳こそが、人と人を結びつけている。また、道徳は人と自然を結びつけるものでもある。

人は自然のなかに、神の存在を感じ取ることができる。自然はさまざまな姿をしているが、無意味なものはひとつもない。夜空の星から土の上のアリにいたるまで、自然は多様な形の中に秩序をもっている。神が唯一であることの証しのように。

イスラム教徒として神を信じ、やがて最後の審判の日が来るのを信じることで、人の品性が育まれる。名声を得たり、印象や外見をよくするための、見せかけの信仰では何も意味がない。

昔、神は人を代理人に命じ、自然全体に気を配るという義務を負わせた。また、人は意識や知性を与えられ、善悪を区別し、しかも両方を行う自由も与えられた。そして神は、私たちに人間の社会で必要な道徳を教えた。こうして贈られた慈悲に満ちた恩恵は、同時に神に対する大きな責任でもある。

この世の森羅万象の原理は「アラーのほかに神はなく、マホメッドは、真の宗教を告げる使徒である」という言葉に尽きる。

人は一歩ごとに、あるいは一言を語るたびに、神に近づこうとしなければならない。

❁七世代後まで受け継がれる責任

チェチェン人の伝統的な世界観には、二つの大きな要素がある。

一つは、責任感である。チェチェン人は、今から数えて七世代前の祖先に対して責任を負っている。つぎに、一緒に生活している家族・親類・村・民族に対して。そして、未来の七世代にわたる子孫に対しても、責任をもたなければならない。私たちの行為は、よい行いもそうでない行為も、七世代の間、ずっと記憶されるのだ。

これが重荷に感じられることもあるだろう。けれども、だからこそ、人は落ち着いて生きることができる。私たちは時代を超えて結ばれ、孤独ではないからだ。

世界観の二つめの要素は、チェチェンの価値体系の中にいると感じることである。

チェチェン人は、物心ついたときには、チェチェン特有の価値体系、つまり祖先から受け継いできた考え方の中で生きている。そこでは、ある厳しい道徳と規律を守らなければならないが、そうすれば自分を律することができ、苦しい境遇のなかでも、それに挫けない心をもてるようになる。

けれども、戦争や強制移住のような、大きな社会の変動が訪れると、そうした規律が守られなくなってしまう。人びとは不利な状況を引き合いに出して、自分を正当化するようになる。

もちろん、難民キャンプでの暮らしのような厳しい条件では、伝統的な生活をすることは難しい。絶望を味わって厭世的になってしまった者、あるいは、努力しようとしない者にとって、言い訳はいつも用意されている。

だが、どんな事があっても伝統とともに生きようとする者にとっては、乗り越えられない壁はないだろう。

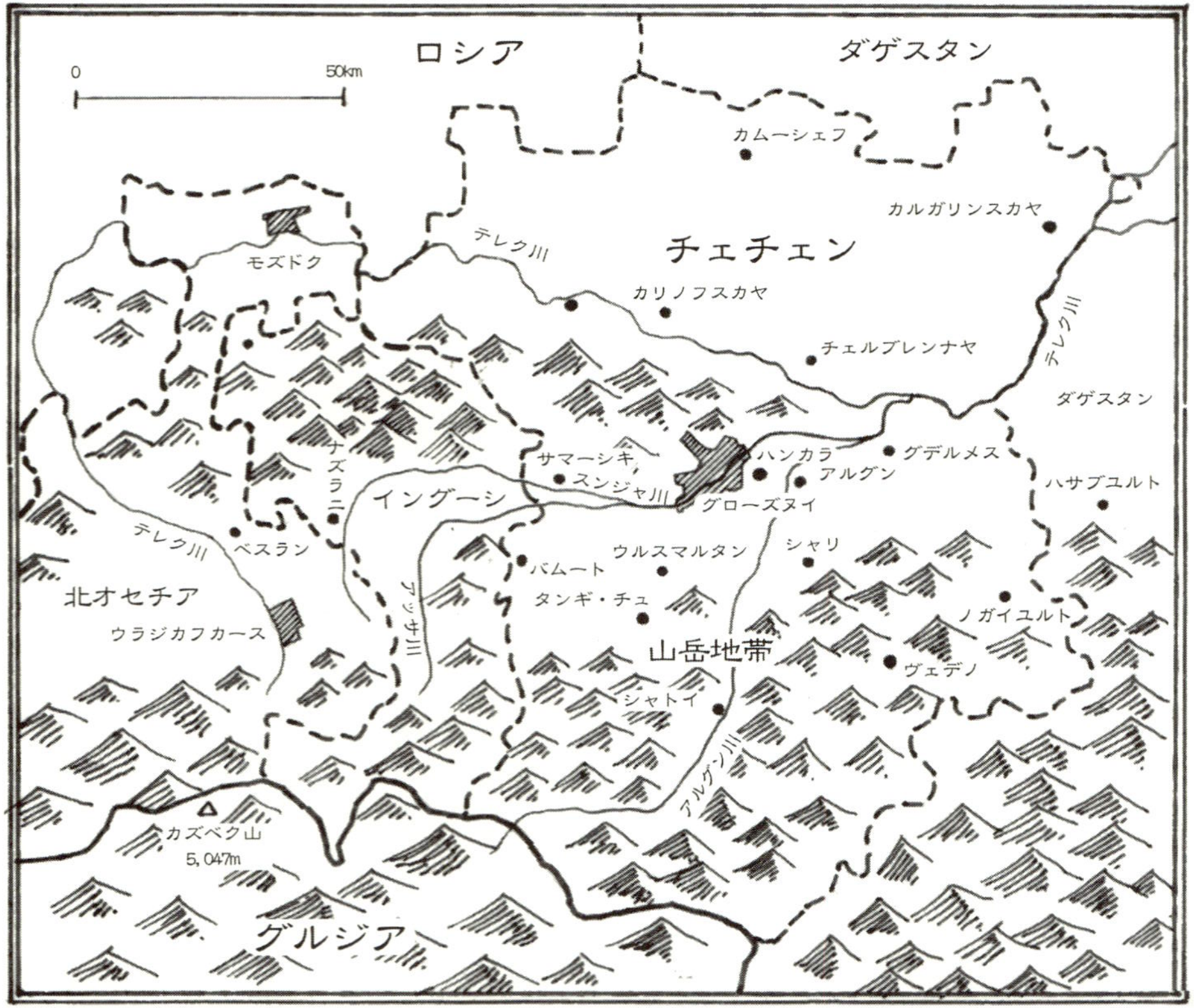
ロシア
ダゲスタン
0
50km
カムーシェフ
カルガリンスカヤ
チェチェン
モズドク
テレク川
カリノフスカヤ
チェルブレンナヤ
テレク川
ダゲスタン
ハンカラ
グデルメス
サマーシキ
スンジャ川
アルグン
ハサブユルト
ナズラニ
イングーシ
グローズヌイ
テレク川
ベスラン
ウルスマルタン
シャリ
バムート
アッサ川
北オセチア
タンギ・チュ
ノガイユルト
ウラジカフカース
山岳地帯
ヴェデノ
シャトイ
アルグン川
カズベク山
5,047m
グルジア

第Ⅰ章
チェチェン人とウェズデンゲル

❁ウェズデンゲルとアダト・ギルラフ

この本を書きはじめるにあたって、まず【ウェズデンゲル】と【アダト・ギルラフ】という言葉の意味をはっきりさせておきたいと思う。

まず何より最初に、アラーの神が存在する。

神および、この世界に結び付けられた私たち人間の、身体と心の純粋さをウェズデンゲルと呼ぶ。アダト・ギルラフとは、現世での人間関係のありかたであり、ウェズデンゲルの一部である。

さて、ウェズデンゲルはいつ生まれたのだろうか。

この問いには、さまざまな答えがある。ソビエト時代の学者たちは、民族文化について語るとき、必ず「文化は人民が何世紀もかけて創造した」と強調した。彼らの世界観は「宇宙と人類は自然に発生した」と考える唯物論にもとづいていたから、そう語るほかなかったのだ。

この世界観の根拠は、猿が労働によって、時とともに人間になったというお伽話《とぎ》だった。そして、文化は自然に発生したか、あるいは長い年月をかけて人間によって創られたものであり、宗教は人びとを惑わし、無知の状態に留めようとするものだという。

けれどこれは、典型的な偽《いつわ》りだ。

地上のすべての民族の文化とよき伝統、そして宗教は、神が預言者たちを通じてお恵みになったものだ。

神は最初に、預言者アダムに宗教を与えた。宗教とは生活規範と伝統であり、よりよい生き方をするための知識を与えるものである。

時がたつにつれて、人間はそれを忘れて異教に走り、罪深い行動規範を勝手に作りだした。そのとき神はふたたび、人間に宗教を布告し、それを教えるために、使徒を遣《つか》わした。その最後の一人が、預言者マホメッドである。

❁人は「文化」を創れるか？

よき伝統や慣習は、アラーの教えから生まれるものであり、悪しき慣習は人が作ったものである。より正確に言うと、よき文化とは、民族が「作る」のではなく「守る」ものなのだ。

その中でチェチェン人は、異教時代（チェチェンにイスラム教が伝来する前）に、独自によき慣習を創りだした。神を信じる人間が創りだした慣習である限り、それが間違っているはずはない。

マホメッドは「行動の文化は信仰の半《なか》ばを占める」と言った。ある詩人は、アダト・ギルラフと理性との関係を、次のように記した。

リンゴは木の下に落ちる
だがリンゴの木がなければ　リンゴはあるだろうか？
アダト・ギルラフは木であり　理性は果実である

アダト・ギルラフのないところに　知識はあり得るだろうか?

詩は、理性はアダト・ギルラフに従うものだと言っている。

だが理性にも、よいものと悪いものがある。理性や知識は、悪事にも使えるからだ。チェチェンでは、これを「悪魔の知識」という。したがって、理性や知識だけではあまり価値がない。もっとも大切なのは、その上にある「文化」だ。

必ずしも、すべての民族がこのような世界観をもっているわけではない。ヨーロッパのある民族は、人の才能や成功に対して敬意を表すが、その人の道徳面はあまり問題にしない。

例えば、人びとの心に深く残る詩を書いた詩人には、恥ずべき行為や暴飲があっても許される。作品そのものがなによりも評価され、それ以外のことは特に問題にされない土地ならば。

だが、チェチェン民族の考え方はそうではない。たとえ才能や勇敢さがない人間であっても、ほかのすべての人と同じ道徳的な義務を負う。もし人びとのなかで名が知られるようになったら、いっそう、その義務は厳しくなる。

なぜかというと、有名な人物のすることは真似されやすい上、その人物が不道徳な事をすれば、それを材料にした中傷がはじまってしまうからだ。

伝統的にチェチェンの社会は、人を評価するとき、その人がウェズデンゲルを守っているかどうかを見た。名声や才能など、考慮されなかった。そういう長所は、時とともに失われることもあるからだ。

たとえ全国的な名声を誇っても、ひとたび不道徳な事をしてしまえば、名誉は失墜した。しかも、そうして蒙った不名誉は、当人だけでなく、親戚や、同じ氏族の人たち、やがては七世代後の子孫にまでおよぶのである。それを知っているから、人びとはごくわずかな誤りも犯さないように気をつけた。

「道徳的な義務は、革のバンドのように人の心をひき締める」という言い回しがある。かつて尊敬された人たちは、夜になっても馬に装着した革のバンドを外さず、事件があればいつでも出発できるようにしていたものだ。

❁よき慣習の基礎

民族に文化があるように、個人にも、それぞれの文化がある。

それに、ある民族を文化的であるとか、ほかの民族を文化的でない、などとは言えない。民族ごとに、文化についてのさまざまな考え方があるのだから。

例えばヨーロッパの国々と違い、チェチェンでは父親は家族と別に食事をとる。そのとき、九歳以上の子どもがいれば、父親の食事している部屋の入り口に立って、父親が用事を言いつけるのを待つ。頼みがなければ父親は「向こうに行って自分の用事をしなさい」と子どもに言う。

客が来て父親と一緒に食事をするときも、父親は子どもに優しくしてみせてはいけない。客の方は「立っていないで座るように」などと声をかけるのが作法である。しかし、この作法は単なるジェスチャーなので、子どもは客にていねいに断らなければならない。

ほかのイスラム教民族とも違いがある。例えば、チェチェンの近くに住むカバルダ人やバルカル人は、男女を問わず「あなたに平安を（アサラム・アライクム）」という挨拶を交わしているが、これはチェチェン人では男性同士の挨拶である。また、年上の者には別の挨拶をする。

こういう細かい違いはどこにでもあるが、よい伝統の方はどこでも似ている。すべてのよき慣習の基礎は、神が預言者を通じてお恵みになった教訓で、それぞれの民族は教えを自分たちなりに理解して慣習をつくっているからだ。

たいていの民族が年長者を尊敬するように、チェチェンにも、これにまつわるさまざまな慣習がある。その一つは、どんなに遠くても、年長者の前を横切らないようにするというものだ。はるか遠くをこちらに向かって歩いて来る老人の前を横切ったとしても、なにも迷惑にはならない。それでもあえて横切らないことで、年配の人に対する敬意が表現できるからである。チェチェンではこのようにして、目上の人の年齢と、それにともなう知恵への尊敬を示す。

若い女性たちはそんな時、道を横切らないだけでなく、道のはじに立って目上の人間が通り過ぎるのを待つ。例えば、娘が泉からもどる途中で年配の男性に出会ったなら、彼女は荷物の水差しを地面におろし、立って通り過ぎるのを待つ。

それが幼児を抱いた女性であれば、その子を道端に降ろすことによって、年配の男性への敬意を示す。

チェチェンには、こんな物語が残されている。

デゥダ・イスマイロフは馬に乗って出かけたが、彼のほうに向かって歩いてくる若い女性が、子どもを地面におろして待っていた。デゥダは馬から降りて子どもに近寄り、それが男の子であるとわかると、贈り物として七連発のピストルを置いた。

「神よ、この子をよき家族にし、命をながらえさせ給え」とデゥダは言い、立ち去っていった。

あとになって、その子の父親がデゥダの名を知り、名馬を贈ったことから、彼らは新しい親戚の縁を結んだという。

ウェズデンゲルは実践することに意味がある

このように、チェチェンの伝統文化ウェズデンゲルには、ほかの民族の文化とも似た部分があるが、むろん違いもあり、それを知るのは、ほかの民族の人びとにとっても意味があると思う。

チェチェンは独自の文字をもたない民族だったから、知識は口承によって世代から世代へと伝わった。だが、戦争や強制移住などの歴史的事件によって、この結びつきが途切れることがあり、伝統は少しづつ忘れられていく。チェチェンでウェズデンゲルを知らない人に出会うのは稀《まれ》だが、誰もが実践しているとは言いがたい。

その後、チェチェン語の表記にキリル文字のアルファベットが使われるようになって、約一世紀が過ぎるとはいえ、ウェズデンゲルについての本は、ごくわずかな学術論文を除けば、これまでに一冊も現われなかった。

わずか二十年ほど前までは、男性は客を迎えに出るにも、通りを歩くにも、戸口を一歩でも出る時は帽子をかぶるのが当然だったが、この習慣はチェチェンの日常生活からすっかり消えた。また、今のように男性が髪を長くすることはほとんどなかった。さすがに、葬式や弔問に無帽でやって来る男はまだいないようだが——。

帽子は、立ち姿を美しく見せようとするだけではない。「私はパパフ（毛皮で作られた高い円筒形の帽子）をかぶる権利をもつ高邁《こうまい》な人間であり、純粋な思いでここにやってきた」と相手に伝える意味があった。

民族的伝統としてウェズデンゲルが存在するだけでは不充分であり、大切なのは実践することだ。

ウェズデンゲルの重要さは、古い詩のなかでよく表現されている。例えば次のような言葉がある。

この一節では、馬や犬が、人間と同じようにウェズデンゲルを知るものとして描かれている。

ともにテーブルにつく客がいない夜には
夕食の馳走は手つかずのままだった

客の馬が来ない夜
主人の馬は　あたえられた干草には手もつけず　中庭でいなないた
家には客の声もなく　注がれた杯《さかずき》には手もつけず
犬たちは中庭で吠えるばかり
それほど客は大事だった　あの遠い祖先たちにとっては
友よ　この尊敬すべき男たちを忘れないでくれ
黒い大地を踏みしめているうちは――

アフマド・スレイマノフはこんな詩を残している。

狼や泥棒を客と区別できるように
チェチェンの犬は訓練されており
遠くから迎えに出て　甘えながら
私たちに道を教えてくれる

さらにびっくりするような話がある。邪悪の象徴である竜さえも、チェチェンの慣習を守るという民話があるのだ。

この竜は、村でたった一つの泉のまわりにとぐろを巻いていて、若い娘を一人ずつ与えなければ、村人に水を汲ませなかった。

だがあるとき竜は、遠方からきた若者が水を汲むのを、何も言わずに二回許した。若者が三回目に水を汲んで立ち去りかけたとき、竜はこう言った。

「おまえは客人だから、三回水を汲みにきても、おれは礼儀を守って手出ししなかった。だけどもう来るなよ。また来てみろ、生きては帰さないからな」

チェチェン民族の価値観は、そういうものだ。

つまりチェチェンでは、金や物で富を蓄えたり、石造りの都市を築いたり、ほかの民族の土地を侵略することを肯定しない。自分たちの土地で、許されている仕事をすること、そしてウェズデンゲルにしたがって生きるのを重んじるのである。

❁ウェズデンゲルという名の塔

たとえて言えば、チェチェン民族の倫理と文化は、高い塔のようなものだ。塔が高くなっていったのは、それぞれの世代が、この塔に自分たちの石を積み上げてきたからだ。

もちろん、今を生きるチェチェン人にも、この塔を守り、新しい石を積み上げる義務がある。もし若者が考えもなしに、祖先から受け継いだ伝統にけちをつけたり、遠い土地——西洋や東洋——からもってきた価値観と取り替えたりするのは、この塔の壁から石を抜き取ることに等しい。

そんな者たちが増えていけば、この塔は崩れ落ちてしまう。このことを、詩人のルスラン・スパエフは次のように語っている。

せっかちに昔話に反論するな
おやじやおふくろを傷つけるような言葉をはくな
それを時の流れが吹雪のように運び去る
おまえの心に悲しみだけを残して

彼らは書物を読んで世界を理解したのではない
土地をたがやし　嵐とたたかったのだ！
せっかちに昔の塔をこわすな
それは時の流れが手もなく片づけてくれるさ

青筋が浮きでている手のぬくもり
これはおまえのおやじの手のぬくもりだ！

おふくろの爪の裏に残っている土
それはおまえの祖国の土だ！

ウェズデンゲルの塔が時の流れによって崩れ去ることはない。私たちが、真にチェチェン人らしく生き続ける限り……。

第Ⅱ章
人間の自由と聖人君子の生き方

ウェズデンゲルの中で最も大事なのは、人間に対する敬意である。

例えば、古代ローマのような奴隷制国家では、貴族だけがすべての権利をもっていて、奴隷は動物以下だった。また、ロシアでは一九世紀まで農奴制があり、領主たちは思いのままに農奴に罰を与え、売買し、家畜と交換することができた。

チェチェンはそんな社会ではなかった。貧しくても、障害者であっても、小さな氏族の出身であっても、誰もが同じだけの権利をもっていたし、人の社会的地位は、その人の教養と長所によって決まるものだった。

そして、他人の名誉を汚すことは許されなかった。男性の帽子または革バンドを引きはがすこと、女性に危害を加えることは、血によって償うべき罪とされた。

言葉による侮辱であろうと、武器による暴行であろうと同じ事である。だから、誰もが約束を守り、敵との応酬の時でさえ、乱暴な言葉を避けた。

しかし最近はテレビなどで、あまりにも下品な言葉を耳にする事がある。これは私たちの中から、敬意というものが衰えていることを示しているのではないだろうか。

❁尊厳の重要さ

ウェズデンゲルで重要なのは「尊厳」の概念である。尊厳は、人間の心と肉体に結びついている。自分の尊厳を失ってはならず、他人の尊厳を奪ってもいけない。

尊厳とは、その人の行いが人びとによって評価され、良心にやましいところがなく、胸を張って歩けるような名声のことだ。「尊厳のない人間」と呼ばれるのは、チェチェンでは最悪の評価だ。例えばある詩人は、村を破壊しにきた敵についてこう書き残している。

おれたちは呪おう　若者たちよ
恥を忘れた敵を
おれたちは殲滅《せんめつ》しよう　若者たちよ
尊厳を失った敵を

チェチェン人は、他人の尊厳を奪うことを、殺人なみの罪とみなした。すでに書いてきたように、人は自分の名誉だけでなく、七世代の祖先と七世代の子孫の名誉に対して責任を負っている。それがわかっていれば、決して他人の名誉を汚そうとはしないのである。他人の名誉をおとしめた者は、決して自分の名誉を得ることができないばかりか、自分自身の名誉を失墜させることになる。

❁自由について

ここでは自由【マルショ】についても触れておくべきだろう。例えばチェチェンの伝統的な挨拶では、こういうものがある。

客がやってきて、主人が話しかける
「自由がありますように！」（歓迎の挨拶）
客はこれに応えて
「神の自由がありますように！」
客がその家を去るとき、主人が別れの挨拶を言う
「また来てください」
去っていく客がこう応える
「どうか自由に！」（これが「ごきげんよう」にあたる）
主人は客の安全を祈って、もう一度別れを言う
「自由に行かれますように！」

最後の言葉には、客の安全を祈る意味が込められている。チェチェンでは、こういう時に「お達者で」とは言わない。自由は健康より大切なのだ。

とは言っても、自由とは、自分が望むことなら何をしてもいいという意味ではない。自由——それは他人を傷つけず、自分からウェズデンゲルの定《さだ》めの中に生きることである。つまり、善を行う

自由があることだ。ウェズデンゲルに、悪を行う自由はない。

隣人に自由がなければ、自分も自由ではない。また、人間にとって完全な自由はありえない。私たちはこの世に生まれたときから、その時代の、社会の、家族の影響から逃れることはできないからだ。

人間の生きる状況は神によって与えられたものだから、それを思いのままにできないのは仕方がない。例えば、人はそれを望まなくても、歳をとり、そして死んで行く――。

神に従う自由

自由とは、自分を取り巻く状況を知り、義務を理解し、それを引き受ける事である。人の大きさは、引き受けた義務の大きさでわかる。自分自身の義務、自分の家族の義務、村、国……。義務から逃げようとしても、自由にはなれない。欲望を抑え、心を自由にすること、それが自由の姿だ。だから、強制移住によって遠い土地に住むことを余儀なくされた時代、どんなに生活条件が厳しくても、チェチェン人はいつも心の中で自由を感じていた。

作家のアレクサンドル・ソルジェニツィンは、著書『収容所群島』で、強制移住させられたさまざまな民族を描く中で「チェチェン民族は監視者に媚びることなく、プライドをもって一体となって行動し、権力への反感を隠そうとしなかった」と書き記している。

神から与えられた自由を人間から奪うことは、重大な悪だ。自由がなければ、人の心は満たされず、清められることがない。だから、長年にわたるロシアとの対立のなかで、チェチェン人は自由を求めたのである。それが得られなければ死——ただし、かならず戦いのなかでの死あるのみ。

こうした思考から「自由、さもなくば死」という有名なスローガンが生まれた。

とはいえ、民族の全員が自由のための戦いで命を捧げるべきだという意味ではない。それを選ぶのは、戦士たち自身である。そして、民族にとっての死とは、一人ひとりの人間の死ではなく、習慣、文化、宗教、言語が失われてしまうことである。

たとえ監獄に入っても、人間は内面の自由を保つことができる。いうまでもなくそのためには充分な理性と信仰が必要だ。もしそれがなければ、どれだけ自由に見えてもその人は精神的に自由ではありえないだろう。そんなチェチェン人の内面の自由を見た人が、ソルジェニツィンであった。なにより、神の宗教に従う自由には、はかりしれない価値がある。

正義と忍耐

私たちは正義【ニーソ】を大事にしてきた。自分の縁者を助けたとしても、もしその縁者が正しい人でなければ、助けること自体が不名誉となった。偽りを言う者がいれば、同じ氏族の者に頼んでやめさせた。人びとは彼を諭《さと》し、必要があれば手厳しく介入し、それでも聞く耳をもたなければ、殺す事さえあった。

チェチェン人には、だれでも後見人がいて、問題のある人物がいたら、その後見人に苦情をもち込めばいいことになっている。

それで、こんな話も残っている。第二次大戦中のこと、チェチェンの老人たちは真顔でこう言った。「ヒトラーのやっている事を、あいつの氏族の者に知らせろ。彼らの手で止めさせるべきだ」と。

高潔な人たち【ウエズダ・ナフ】は、もめごとの最中でも正義を守ろうとした。「血を分けた兄弟の間にも正義あり」という諺もある。例えば、こんな事件があったと伝えられている。

ある時、二人の若者の間で喧嘩が起きた。この争いに決闘でケリをつけようというその時、短剣は一振りしかなかった。そこで、短剣を持っていた若者は、相手に傷を負わせてから、今度はその短剣を差し出して言った。「さあ、お前の番だ」

そこで相手の若者は短剣を受け取り、一撃を加えて、持ち主に返した。このようにして、たがいに一振りの短剣を手渡しながら、二人とも弱って地面に倒れるまで、彼らは闘った。最後に生き残ったのは、短剣の持ち主の方だった。

殺された若者の縁者たちは話し合った末、短剣の持ち主が正義を守った事に免じて、その流血の罪を許したのだった。

また、こんな話がある。

ある時、一人の男がベイブラート・タイミエフ（一九世紀初期の社会活動家、軍人。多くの叙事詩の主人公となった）に会いに来てこう言った。「あんたはとても勇敢な人だと聞いた、そうと知ったからには、あんたと力比べをしなければなるまい」

だがタイミエフは、このあまり利口でなさそうな男にすぐ食ってかからず、じっと我慢した。そのおかげで、彼は適当な応えを考えついた。

「私はこれまで、ほかの人たちとは勇敢さを比べるのではなく、礼儀にかなっているかどうかを競ってきた。しかも、私はとても恐がりだ」とタイミエフは答えた。

「それはどういう意味だ？　あんたのような人が誰を恐れるというのだ――？」と、力比べに来た男はあきれて言った。

「私にとって恐ろしいのは、不名誉なことや、自分に相応《ふさわ》しくない行いをしてしまうことだ。だから私と勇敢さを競うような事はしない方がいい」――そう言って、タイミエフは男を体《てい》よく追い払ったのだった。

「せっかちは命を落とし、我慢は山を乗り越える」と諺《ことわざ》に言う。

忍耐【ソバル】――それは、どんな逆境にも絶望せず、じっくりと正しい解決を見い出すことだ。諺で「川では浅瀬を探せ」と言うように、何ごとも焦って考えなしにとりかかるのはよくない。

忍耐の仕方はさまざまである。詩人のアフマド・スレイマノフは「一人前の男は堪忍袋の緒が切れたあとに、もう一度堪忍する」と言っている。すぐれた忍耐の例として、イスラム聖職者のガズィ・ハジ・ザンダクスキーの行いを挙げることができる。

ガズィ・ハジの息子は、結婚の翌日に殺されてしまった。村の若者たちが犯人を捕まえて連れて来きて、ガズィ・ハジに「さあ、この男をどうする」と尋ねた。

そこでガズィ・ハジはその罪人に聞いた。

「なぜお前は私の息子を殺したのか?」犯人は、この質問にすぐには答えようとしなかったが、根気よく尋ねたところ、やがてその理由を話した。

「おれが好きだった娘は、あんたの息子と結婚した。娘もおれを好きで、一緒になろうって約束したんだ。だけど娘の両親が反対して、とうとうあんたの息子に嫁がせた。あんたが高名な聖職者で、やつがその息子だったからだ。おれは我慢できなくて、あんたの息子を殺したのだ」

これを聞いたガズィ・ハジはどうしたか。

ガズィ・ハジは、神の名においてこの男を許した。そして、あとに残されたうら若い寡婦を嫁がせただけでなく、自分の屋敷にこの二人の家を新築して住まわせたのだった。

この話には、次のような意味がある。

忍耐に限度というものはない。「これ以上の忍耐は無意味だ」と思ったときこそ、さらなる忍耐力を自分のうちに捜し求めなければならない。

宗教心がなくては、こんな忍耐力はもてない。彼があれほどの忍耐力を見出す助けとなったのは「われは辛抱強い者たちの味方である」というコーランの言葉だったに違いない。

このように、ガズィ・ハジは不屈の精神の持ち主であった。だから彼は今でも「悪魔の背骨をへし折ったガズィ・ハジ」の名で知られている。

もちろんガズィ・ハジは殺人を容認したのではない。すべてをご覧になり、すべてをご存知の神に裁きをお任せし、自分はその限りない忍耐によって神の褒美を与えられることを選んだのである。

❁勇敢さ、無分別、自尊心、妬み

勇敢さ【マイラーラ】と忍耐はともにある。ただ、忍耐を続けることが悪をますます助長するのなら、争いに飛び込む勇気も必要になる。

しかしそうしてよいのは、いったん争いになればどんなことになるのかを考え尽くし、ほかに出口がない時だけで、考えもなしに争いばかりを求めるのは無分別【ソンタラ】というものである。

勇敢さと無分別は、ぱっと見たところは似ている。けれど勇敢さとは、この世に正義を回復し、ウェズデンゲルを守ろうとすることであり、無分別は悪への道を開こうとするものである。

無分別な者は、なぜその争いが起こったかを考えないし、自分が争いに加わることで何が起こるかも考えようとしない。

自尊心【ヤヒ】とは、よき行《おこな》いの競争である――だれよりも立派なことを行い、気前がよく、勇敢であることを示そうとする、一種の競争状態にある精神のことを指す。

その正反対の例を挙げるなら、数年前のロシアのチャリティー番組での、ある社会事業のための資金集めの様子は際立っていた。資金集めそのものは好調に進み、募金箱の前には長い列ができていた。だがテレビ中継が終わって、視聴者の目がほかの番組に移ると、行列はすぐさま消えてしまった。この人びとは、人目につかない慈悲はしたくなかったということだ。

妬《ねた》みもまた、一種の競争だ。この競争は、競争相手の災厄を願うものだ。妬みを抱いて、相手の勝利を受け入れる高潔さを忘れれば、中傷などの卑劣な行動に出てしまう。これが人間の性質の中でも、重大な短所なのだ。

この世にはじめて妬みが現われたのは、カインがその弟アベルを殺した時だった。カインは、神がアベルの生け贄は受け取ったのに自分の供え物には関心をもたなかったこと、父親がアベルをより深く愛している事に耐えられなかった。そして、カインは弟と対等になろうとする代わりに、心を妬みにゆだねて弟を殺害する。それ以来、妬みは人びとの内に生き続けている。

自尊心と妬みの似ているところは、両方とも競争だという点だ。だから人は、自尊心が妬みに変わってしまわないよう、警戒しなくてはならない。そのために、チェチェンでは昔、成年になった男は自分のための精神的守護者――ふつうは目上の者――を選んだのだった。

チェチェンがイスラム教を受容する以前、「自尊心」は生活の一部とさえ言えた。だが、信仰が深まるにつれて、人目を意識して善行を積むのはよくないという考えが一般的になった。善とは競争ではないからだ。

だからチェチェンでは、誰に知られていなくても、道を拓《ひら》き、橋をかけ、泉を整え、木を植えるなど、人びとのために働く習慣が生まれたのだった。

❁慈悲、気前よさ

人間だけでなく、まわりのすべての生き物に対して深い慈悲【クインヘタム】をもつこと、これも人間の義務だ。無慈悲はむしろ、弱さの印であろう。

戦争や決闘のときにすら、慈悲はありうる。武器を持って対峙する敵同士の間にも、超えてはならない慈悲の境界がある。

例えば、短剣で突き傷を負わせることは禁じられていた。なぜなら、切り傷はそれほど危険ではなく、治すことができたが、突き傷は痛みが激しいだけでなく、内出血による命の危険があったからである。したがってチェチェンでは、突き傷を負わせることは禁じられた。諺の一つは「短剣で突くのは、『間違って生まれて来た者』（第Ⅲ章「貴人」と「奴隷」に詳述）だけである」と断言している。

チェチェン人は、孤児、寡婦、兄弟のいない姉妹、息子のいない父親といった人びとを助けることに篤《あつ》い。【イルリ】と呼ばれるチェチェンの叙事詩にもよく現れるのだが、若者たちが獲得した家畜や戦利品は、ほとんどがそのような弱い者たちに与えられていた。

「互いに慈悲深くあれ、そうすれば神のお恵みがあろう」と、神はコーランのなかで述べている。チェチェン語の「気前よさ」【コマルシャ】という言葉の原義は「手のひらを開いている」という意味であり、慈悲の姿のひとつだ。つまり、自分の物を、人に与えるために、あけっぴろげに見せているということになる。

チェチェン人の祖先は、親戚、そして隣人に気前良く、仲よく暮すことを尊《たっと》んだ。今も「遠くの兄弟より近くの隣人」という諺が残っている。

気前の良さは、特に客に差し出すご馳走で示される。主人の気前の良さとは、もっている物のすべてを客の前に出す事である。チェチェン人は客をもてなすさい、羊または雄牛を絞めて出したが、もし一頭も家畜がなければ隣人に求め、あらゆる方法で客をもてなそうと努めた。詳しいことは後述しよう。

❁親友、移住者

チェチェンにも「親友」という概念がある。いつも一緒の友人のことである。

真の友人は、体をはってでも銃弾から友を守る。交友関係の価値はそれほど大きい。友人と一緒にいれば、父親や兄弟と一緒にいるよりも寛ぐし、心の痛みや悲しみも、友人には打ち明ける。「友でなければ、兄弟ではない」と古人は言った。兄弟もまた、友人のようでありたいという意味だ。またチェチェン人は、信頼できる友のことを「堅い塔」とも呼んだ。

あるとき、死に瀕した父親が一人息子に「近隣の諸民族の土地に行き、塔を一つずつ築け」と遺言して息絶えた。息子はその意味の理解に苦しんだが、母親は、それはほかの民族との、幅広い交友関係を築けという意味であろう、と解いた。

ほかの民族の友人と言えば、もうひとつ紹介しておきたい慣習がある。異邦から来た人は、どんな理由で来たとしても（ただチェチェンに親しみを感じたからであっても、災難や貧しさから逃れてきたのであっても）、誰もがチェチェンに受け入れられたばかりでなく、村の土地を分けてもらえた。移住者は、その新しい土地での生活の平穏を願って、雄牛を生け贄として捧げた。

こうしてやってきた移住者には、村人の誰かが保証人となった。そのうちに移住者の子孫は村人たちと混じり合い、チェチェン人となっていった。彼らへの評価は、教養や、チェチェンに来てからの行いにかかっており、ほかの民族出身であることは関係がなかった。

叙事詩【イルリ】には、チェチェン人がどの民族であれ、高潔さや勇敢さ、そして大胆さをほめたたえたことが語られている。尊敬すべき民族の代表例は、グルジア人、カバルダ人、クムイク人、ノガイ人などである。例えば『不運なノガイ人の歌』という叙事詩は、彼らの方がチェチェンの若者より優れているとさえいう。

よきチェチェン人は、すべての民族に対して開放的であり、孤立してはいなかった。あえて言えば、チェチェン人にとって最も重要なのはチェチェンという土地ではなく、それは人類という大きな価値の一部分に過ぎなかったのだ。

❁義務、良心

チェチェン人にはいろいろな義務【デクハル】がある。前述したように、自由もまた、義務を選ぶことだった。

では、義務とは何かと言えば、ウェズデンゲルにかなうように生きることであり、自分の両親、家族、隣人、民族のために生きることであり、そしてなにより重要なのは、神へ奉仕することである。

これらの義務を自覚すること――それは良心【イエヒ・ベフク】をもつことを意味する。良心的でない者とは、他人からは受け取りながらも、自分から義務を負おうとはしない者である。もともとこの言葉は「恥辱・罪」という二つの単語から成り立っている。

恥辱とは、義務を果たさなかったり、本来してはならないことをしてしまった人に対して、敬意が払われなくなることである。恥辱は人の評判を落とし、彼のそれまでの善行の価値を失わせる。古い言い回しでは「顔が火を吹く」とも言う。

罪――これは、親戚、隣人、民族に対する自分の義務を自覚しない人への非難の言葉である。つまり良心をもつということは、恥辱と罪を充分に意識しながら生きるということだ。

❁聖人君子の生き方

チェチェンの民族文化の世界で、こうしたすべての長所を備えた者は、最高の人間像、聖人君子【コナフ】と呼ばれた。この言葉は【クオ・ナフ】からなっていて「民族の立派な若者」つまり、全民族の息子を意味する。

聖人君子と呼ばれるようになっても、尊敬され、叙事詩に名前が残ることを除けば、特典は何もない。それどころか、義務と責任は重くなるのだった。

にも関わらず、聖人君子はチェチェン人が目指す最高のありかたであり、人びとが全生涯をかけて到達しようと試みたものであった。聖人君子は、なにかの集会に集まった人たちの決議で得られるような称号ではなく、その人の具体的な実践にしたがって人びとの間で自然に評価された。ひとたび聖人君子と評された人でも、過失を犯せば自然に評価は取り下げられる。

イマーム・シャミーリ（ロシアに対する抵抗指導者。第Ⅵ章に詳述）の時代の村長の一人だったサイドゥラ・ウスパノフは「一番難しいのは聖人君子となることだが、もっと難しいのは、聖人君子であり続けることだ」と言った。

アフマド・スレイマノフは、これを少し違う言葉で語っている。曰《いわ》く「難しいのは、チェチェン人であることだ。だがもっと難しいのはチェチェン人として生き、そして死ぬことだ」。ここで言う「チェチェン人」という言葉は聖人君子の意味を兼ねている。

昔も今も、いい加減な生き方をしているチェチェン人は少なくない。「チェチェン人らしく」生きること、その上、聖人君子になることは簡単ではない。

先のベイブラート・タイミエフは、どのようにしてその名声を得たかを、次のように語っている。

「まず私に対して敬意を示したのは妻であり、次に私を尊敬しはじめたのは知人の家族で、その様子を見て、隣人たちが私に尊敬の態度をとるようになった。隣人たちの尊敬は村の尊敬をもたらし、村の尊敬は全国の尊敬をもたらした」

すなわち、人はどれほど長所があっても、家族に信頼されるような生き方をしなければ尊敬には結びつかないし、もし隣人たちと犬猿の仲であれば、人びとは決して彼を聖人君子とは呼ばないだろう、ということである。

聖人君子が語った言葉や礼儀作法は、すべての人が見習うべき手本となった。例えば、第Ⅰ章に登場したデゥダ・イスマイロフについての、もう一つの言い伝えがある。

デゥダが家畜の群《むれ》を放牧していたときのこと。若い女性が大きなため息をつき、泣きながら歩いているのに行き会った。彼女を呼び止めて話しかけ、泣く理由を尋ねたら、女はこう語った。

「私はつい最近結婚して、はじめて自分の実家に帰ってきました。今、夫の家に帰るところですが、見てのとおり、持ち帰るみやげが何一つないのです。どんな顔をして夫の親戚たちの前に立てばよいのでしょうか？　恥ずかしくて、つい泣かずにはいられません――」

それを聞いたデゥダは、この家畜の群はすべて自分のものだといって、はじめて会ったこの女に、その中で一番の雌牛《めうし》を与え、夫のもとに帰らせた。

デゥダの戦場での活躍を知る人はもうほとんどいないが、この話は今でも語り継がれている。

❁聖人君子の条件

聖人君子にはいろいろのタイプがいる。例えば、バルという名の聖人君子は、人びとを抑圧していた統治者を暗殺した。この場合、民族全体への抑圧に対して立ち向かったわけだが、すべてをバル一人の判断で実行したと語り継がれている。

一方、スルホという聖人君子は、皆に頼られて同じような統治者に立ち向かうことになるが、そうするまでにいろいろな思いを巡らせた。スルホは自分の命は惜しくなかったが、抵抗の統率者として立ち上がれば、人びとの運命が自分の肩にかかってくることを躊躇《ちゅうちょ》していた。そこで、村人たちは彼の母親に説得を依頼して、スルホはついに立ち上がったという顛末《てんまつ》がある。

ここから考えると、聖人君子であるための要件は次のようなものだと言えるだろう。

・人びとの先頭に立つ時は、それが重大な責任であることを自覚し、彼らのたっての願いがあるときだけ、それを行う
・民族が受けている抑圧を取り除くために死ぬ覚悟ができている
・自信過剰や、無分別ではない
・忍耐力があるが、必要な場合は機敏さ、勇敢さ、勇気を示す

聖人君子というのは、ただ一つの民族のためでなく、全世界のために行動する用意があり、そのための犠牲となる覚悟ができている人間のことである。

今、世界には核兵器をはじめとする恐ろしい兵器が蓄積され、自然は破壊され、新しい病気も出現し、地球は絶滅の瀬戸際に追い込まれている。こんな時こそ、聖人君子という概念に意味がある。現代の聖人君子は、一つの国のために働くのではなく、全世界に利益をもたらす者のはずだ。聖人君子にとって、不公正なことが地上のどこに起こっても、無縁とは感じられず、正義を回復するために全力を尽くし、それを打ち負かすだろう。

聖人君子は、正義と悪との天秤《てんびん》を、いつも正義の側に釣り合わせようとする人である。そうしなければ、私たちみんなの上に神の怒りが下されるからだ。

◎戦う聖職者たち

チェチェンにイスラム教が定着するにつれ、聖人君子という概念も変化し、それまでの慣習にも、誤りが指摘されるようになってきた。例えば、戦利品を追い求めて争うことの禁止である。きれいな戦利品というものはない。また、盗みはどんな理由があっても許されなくなった。

そうした価値観の変化があってから、イスラムの教えにかなう真の聖人君子となったのは、やはり聖職者たちであった。人びとを宗教へと向かわせ、その心を清めながら、自分には安逸を求めず、神の名のもとに働いた人びとである。そのおかげで、チェチェン民族は罪深い慣習を捨て、争いを少なくしながら、互いを認め合うことを学んだ。

聖職者たちは、民衆への啓蒙だけでなく、必要とあれば、勇敢さと戦いの能力を発揮して、後の世の歌に歌われた。

例えば、シャイフ・マンスールは、聖職者であるばかりでなく、軍人でもあった。イブラギム・ハジはロシア革命の頃、白軍のデニーキン将軍一派に対する戦いを指導した。近代ではユスプ・ハジが、敬虔《けいけん》なイスラム教徒たちを率いて、ソビエト政府に対する抵抗運動を組織した。

聖人君子の概念は、これからの新しい世代が教養豊かに、そして知的に成熟するために、とても重要な意味をもっている。チェチェン人みなが聖人君子という高みを目指し、また、一人ひとりの子どもや若者の心に、聖人君子の姿のあらんことを……。

第Ⅲ章
チェチェン人のふるまい方
——「血の復讐」とその問題

人間の第一歩は身だしなみにある。そして人の中身と見かけは、一致していなければならない。例えば、こんな人がいたとしよう。その人は、自分の外見ではなく、考えている内容の方に値打ちがあると思っているから、身だしなみには無頓着だったりする。

だが、そういう人の教養はあまり高くないと言える。

人がすることは——考えること、服を身につけること、何かをなすこと——、すべては高潔でなければならない。だから逆に、どれだけ美しい身なりをしていても、好き勝手にやりたいことをして、ウェズデンゲルを無視していたら、その人は文化的ではない。見た目にも不自然だ。

人が清潔にしなければならないのは、信仰のためでもある。イスラム教は祈りのたびに身を清めることを義務づけている。毎日の祈りのたびに、手と顔と足を洗うのはいうまでもない。毎日五回、神の前で報告をすることによって、人は神の前にひき止められ、意識が清められ、罪から守られる。

「お前たちが一日に五回、このきれいな流れで水浴をするならば、身体を不潔なままでいることができるだろうか？　そうだ、祈りは人間の罪を取り除いてくれる」神がそう述べたとおりに。

❁男のひげと髪、服装

チェチェンの男は、それぞれの好みで顎《あご》ひげや口ひげを伸ばしたり、剃ったりしている。昔の習慣では、髪も剃った。

また、男は黒や暗褐色、灰色の単色の生地で仕立てた服を着た。赤や黄色などの明るい色の衣服は着なかった。

帽子はとても大切である。頭を覆《おお》わないで外出することは、男女とも禁じられていた。そうなる前は、市井《しせい》の者は、帽子を身につけてはならなかった。冬場は寒いから別だったが、雇われ貴族(第Ⅵ章に詳述)などに出会った時には脱がなければならなかった。

「大きな頼みごとは帽子を脱いでからする」と、諺《ことわざ》は言い、実際、そうして頼むのがもっとも説得力があるとされている。また、この諺は、男の帽子というものの重みを示してもいる。もし誰かの帽子を力ずくで脱がすようなことがあれば、それは大きな侮辱と受け取られた。また、自分の非を認める時は、自分から帽子を脱いで見せたのだった。

さてその帽子だが、重要な行事または祝賀の行事の時には、上等な毛皮でできた円筒形の【パパフ】という帽子をかぶった。日常の仕事場や屋敷内では羊の毛皮の帽子をかぶり、草刈場などではフェルト帽をかぶった。

上着には編み紐で留《と》める丸いボタンが着いており、ゆったりしたズボンをはいた。ボタンはいつも喉もとまで閉じ(かつてのチェチェン人はボタン類をかけ残さなかった。一つでもはずしたままで歩いていれば教養がないと見られた)、その上から、銃弾の入った筒を胸に縫いつけたチェルケス服を着た。寒い季節には頭巾《ずきん》をかぶり、肩のいかった羊毛のフェルトマントか羊毛皮の長い外套《がいとう》をはおった。

足には室内履き、長靴、踵《かかと》のない軽い革長靴や柔らかい短靴のどれかをはいた。厚い布やフェルト製の長靴下もあり、時代が下ると、その上からオーバーシューズをはくようになった。

服装のなかでも、とりわけベルトは重要だった。男子は十五歳になると、はじめてベルトを付けることを許された。これは彼が少年期を過ぎ、大人の重荷を負う時が来たこと——よい者にも、悪い者にも出会う用意ができていること——を証明していた。

そして年老いた者は、ベルトの着用をやめることになっていた。もう戦いには参加しないという意味である。それが何歳からという決まりはなく、自分で決めた。

チェチェン人には、服装で他人と競う風潮はなかった。他人がもっていないような服を着ていても褒められることはない。だが短剣などの武器は、みな誰よりも立派な物を手に入れようとした。

◎女性がスカーフを脱ぐとき、紛争が終わる

女性の服装は、年齢、未婚、既婚によって異なり、とくに娘たちが服装に細心の注意を払うことは、男の比ではなかった。

男の帽子が頼みごとの道具立てになるように、女がスカーフを脱いで何かを願い出たときは、誰もが聞き届けなければならない決まりである。男たちが怒りに我《われ》を忘れて議論をしたり、決闘になりかかっていたとしても、そこに女が割って入り、スカーフを投げ出せば、すでに抜かれた短剣がもとの鞘《さや》に納まったという例は少なくない。

どうしてかというと、かつては、頭をむきだしにしている女がいたら、天が引っくり返るかもしれないと考えられていた。だから、人目のたくさんある中で女が髪をあらわにするのは、極限状態

でしか起こりようがなく、何かの災いの兆しか、その渦中にあるかのどちらかだった。それに比べれば、どんな喧嘩にも意味がない。そこで男たちは、女が早くスカーフをかぶってくれるように、喧嘩をやめたのだった。

「人の半分を作っているのは、服装である」「服装に合わせて出迎え、知能に合わせて見送る」という諺もある。

女性の尊重といえば、こういう話が残っている。

ある夏、作家のアブザル・アイダミロフが、十歳になる娘と一緒に、詩人のマゴメド・ママカエフを訪問した時のこと、暑い時期だったから、ママカエフはドアを開け放して、楽な服装をしていた。だが彼は、客が娘を連れているのを見ると、挨拶もしないで奥に行き、着替えをして出直してきた。しかも、まるで重要会談に出席でもするように、きちんと身なりを整えて。

驚いたアイダミロフに、ママカエフはこう説明した。「まだ年端《としは》も行かぬ娘であっても、それは未来の女性であり、礼儀作法を守って接遇しなければならないのだ」と。

❁挨拶のルール

道を歩いていて行き会った人が同年輩なら「あなたに平安がありますように」とイスラム式の挨拶をする義務があった。歳《とし》が離れていれば、若い方が先に挨拶しなければならない。道に立ちどまっている人や、路傍に腰かけている人に気がついたら、歩いてきた者が先に挨拶をする。

高齢の男女と、十五歳未満の子どもからは挨拶しなくても構わない。

はるかに年上の者に会った時には、まず「よい日になりますように」といった挨拶をし、つぎに健康と暮らしについて尋ねる。

その挨拶に対して年長者は「神があなたを愛してくださいますように」と答える。

馬に乗っている者は、自分から先に歩行者に挨拶し、坂道では、下っている方が先に登って来る者に挨拶をする。川で行きかう時も、下流に下っている者が先に挨拶しなければならない。

これらの習慣の根本にあるのは、優位にある者が、そうでない人を尊重しなければならないという考え方だ。若者の方が年寄りよりも肉体的な力がある。だから、若者は年寄りを尊重しなければならないという風に。

もし誰かが挨拶の言葉をかけて近づいてきた時は、すわっている者は姿勢をちゃんと正して立ち上がらねばならない。近づいてきた者が自分より年上であればなおのこと。たとえ近づいて来た者が目下でも、立ち上がるか、せめて腰を浮かすのが礼儀である。

最近は、近づいて来た人の前で立ち上がる必要はないと主張する若者たちがいるが、これは慣習の見地からすれば認めがたい怠慢といえる。

ただし、モスク（イスラム教寺院）ではこういったルールは適用されない。人びとが神の家に集まるのは神に奉仕するためだから、そこでは人間社会のしきたりを通す方が場違いである。

◎挨拶の言葉

チェチェンの習慣では、相手がたずさわっている仕事に応じた挨拶をすることになっている。基本的には「あなたの仕事がうまく行きますように！」と希望を述べるのだが、できれば、仕事の中身に応じて挨拶も変えたいところだ。

例えば草刈りをしている人には「よい天気でありますように！」と言い、種まきや草取りをしている人には「すべてが豊かに成長しますように！」、薪を割る人には「よく燃えますように！」などと言う。

結婚式での挨拶としては「どうか神が無事息災をお与えになりますように！　どうか神が同意してくださいますように！」と言う。花嫁の母親などには「どうか神が彼女に報いてくださいますよう！」と挨拶する。

男の子が生まれた場合は「どうか神が彼をよき家族の一員としてくださいますように！　神よ、この命を永らえさせますように！」と言い、女の子が生まれた場合は、さらに「神が、彼女の兄弟姉妹を七人とさせますように！」と付け加える。

チェチェン人の家族では息子は特別の位置にあった。彼は将来は父親の名声を担い、できるだけたくさんの子を残し、聖人君子【コナフ】になろうと努力しなければならなかった。

また、チェチェンの諺《ことわざ》では「娘は家に幸福をもたらす」という。

❁「前を確かめずに一歩も進むな、後を確かめずに一語もしゃべるな」

会話を切り出すときの言葉や挨拶はまだたくさんあるが、話に入ったら、相手の状態について尋ねる必要がある。近づいてきた人が挨拶をしてきたら、それには「あなたにも神の自由がありますように！」と応える。そのあとで健康や家族の状態、親戚などについての質問がはじまる。

さてここでは「前を確かめずに一歩も進むな、後を確かめずに一語もしゃべるな」という諺の意味を考えてみよう。立派なチェチェン人は、その歩くさまも軽やかに、踏みしめる大地への敬意を込めなければならない（第Ⅴ章「大地への尊敬」の項に詳述）のだが、これについて付け加えておきたいことがある。

人が歩く時には、もちろん前に障害物や崖がないかどうかを確かめながら進むが、この諺には、そういう直接的な意味だけではなく、人が進む先には、何らかの慣習や、礼儀作法を守らなくてはならない状況があるかもしれないので、注意深くしなければならないという意味がある。

例えば、道の先に十字路があったら、立ち止まり、周囲をよく見まわさなければならない。道を譲るべき老人が、歩いてくるかもしれないからだ。きっと老人は教養の高さに気付いて、「ありがとう！　神があなたを愛して下さいますように！」と挨拶を返してくるだろう。そこで道を譲った若者は、老人に体の具合などを尋ね、必要なら援助を申し出るべきだ。

※老人と弱者の尊重

馬に乗っている若者は、老人が近づいてきたら、馬から降りなければならない。すれ違う時は、若者は降りて挨拶をしてから、老人が右側を通れるように道を譲らなければならなかった。これは歩行者同士でも同じで、老人や女性なら右側を通し、そうでなければ左側を通すのが決まりだった。チェチェンのしきたりでは、尊敬を受ける者は右側に立つ。だから年長者と一緒に旅に出る時は、若い者がいつも左側を歩かなければならなかった。三人連れで行く場合は、最も年長の者が真ん中を、次の者がその右を、最も若い者が左を歩かねばならなかった。

もっと大勢の人が同時に旅に出る場合はどうするかというと、若者の一隊が前方を、最後に年長者の一隊が、その中間に最年長者の一隊が歩いて列を作る。

同様に、年上あるいはなじみの薄い女性と一緒に歩く時には、男性は女性に右側を譲り、自分は少し前を歩く。男性が妻や姉妹などと一緒に歩く場合、女性は男性の左側後方を歩く事になっていた。

そんな風にチェチェンでは、生活のあらゆる場面で年長者と女性を優先するのがルールである。これは年齢に対する尊敬と、弱者に対する配慮の現われであり、これを貫くことがチェチェン人の美徳といえる。

なぜなら、若さや健康、経済的な富をもつ人に配慮するのは、力を崇拝することでもあり、裕福な者に取り入ろうとすることでもあるからだ。これは恥ずべき態度なのである。

❁「言葉」の意味

さて、先に引用した諺の「――後を確かめずに一語もしゃべるな」の意味を考えてみよう。チェチェン語の言葉【ドシ】という単語の語義には、声で意思を伝えるという基礎的な意味だけでなく、人間の行為そのものも含んでいる。例えば「彼は言葉でない事をやっている」と言われれば、言葉の両輪である意思と行為が一致していないことが批判されているのである。

詩人のムスベク・キビエフは次のように語った。

言葉のない行為はない
言葉以上のものはない――
言葉は人間を黄金にする
それは彼を破滅させる――

また、ヤムリハン・ハスブラートフはこう語った。

――目には見えぬ山脈
その山々に登って
心臓の最後のぬくもりが

流れ去るとき
私の旅の重荷を
背中にゆわえつけ――
この身の代わりに
言葉を残そう

たしかに人間の死後にも言葉は残る。

頭に浮かんだことを、そのまましゃべってはならない。なぜならば、天使はあなたの一つひとつの言葉を書きとめているからであり、言葉は善にもなり、悪にもなるからである。

「剣で負った傷口は治っても、言葉で負った傷口は治らない」という諺もある。

人はそれぞれが自分に合った話し方を身につけ、何をどのように話すべきかをわきまえていなければならないから、例えば女が男のように話したり、男の話し方が女に似たり、あるいは子どもが大人の言葉を使い、また老人が急に子どものように話しはじめたら、それは不自然であり、無作法である。人びとの話し方の混乱は、社会の混乱や、変動の迫る兆しでもある。

❁議論のやりかた――チェチェンの寄合い

伝統的なチェチェンの寄合いを取り上げてみよう。

それぞれの村には、寄合いを行うための決まった場所があった。男子は十五歳、つまりベルトと短剣を身につけることができる年齢になると、誰でも寄合いに顔を出すことができた。この寄合いは一種の成人学校で、新しい情報や、昔からの伝説、それに旧習を聞き知ることができる所だった。

ここでの発言の優先権はつねに年長者にあり、若者たちはさまざまに役に立つことを教えられた。その一方、若者が発言できるのは、年長者に勧められた時だけである。

発言を許された場合、年長者に敬意を示すために「私は皆さんの前で話をするのにふさわしい者ではありませんが、よろしければ、考えを申し述べます」という言葉を前置きにした。

もし、何か重要な報告をする必要があれば、若者は自分から発言の許しを求めるとができたが、この場合は「皆さんの許しを得て、一言お話ししたいと思います」という言葉から話しはじめた。

女性の場合は緊急の助けを求める時のみ、寄合いに参加できたが、これは例外的だった。今では逆に、大勢の人が集まる通りや広場で、女性がとめどなくしゃべっている光景は珍しくないが――。

発言にまつわる慣習をもう少し。

例えば、対話のさいにしばらく沈黙が続いたあと、偶然に二人が同時に話しはじめるような時がある。その時は二人とも沈黙して、譲り合わなければならなかった。そして、先に発言することになった者は、まず発言の権利を譲った者に対して「ありがとう、あなたは自分の言いたい事を忘れませんよう」と話しかけた。それからやっと自分の意見を述べる。

もし誰かの話を遮《さえぎ》る時は、まず「申し訳ない、忘れないうちに言っておきたいので――」と詫びなければならなかった。誰かが意見を述べるのを妨《さまた》げることは、基本的に無作法とされた。話し手の考えに同意できないが、すぐに自分の意見が言えない時は、穏やかに「私には、何か違うように思われる――」と言うことが許された。長時間にわたって論争して、ほかの者の時間を無駄にする事は禁じられていた。この配慮は、たくさんの民衆が集まる場合には特に大切な事である。自分に割り当てられた持ち時間は、ほかの者よりも長いわけではない。だから意見は手短《てみじか》に述べるべきである。必要な事だけを話し、一語一語が適切であればなおいい。「縄は長いものがいい、話は短いものがいい」という諺もある。

壮大なモスクで
たくさんの人びとがいるところで
一度　ひとこと言えば
それで充分だ　優れた若者にとっては

❁もてなしのルール

チェチェン人は遠くからきた客、とりわけほかの民族の客をとても大切にする。客をもてなし、保護することは、村全体の関心事になった。もしも遠来の客を不愉快な気持ちにして帰せば、村の恥とされたからである。そこで、もてなしのルールを述べよう。

チェチェンでは、訪問客はまず家の前に迎えに出た主人と挨拶をかわす。そのとき、握手の手をさし出す権利があるのは、主人の方である（もし客の方が年長者であった場合は、この限りではない）。次に、主人は家の扉を開け放して客を屋内に通す。客は家に入るとき、屋内の人たちにイスラム式の挨拶か「あらゆるよい事がこの家にもたらされますように」と話しかけなければならない。すると居合わせた者は客に向かって「幸運に長生きをされますように。自由に生きられますように」と答える。

客の側のマナーとしては、まず主人の気苦労を少なくするよう気を使うことである。

客が席に案内されたあとで誰かが部屋に入って来ても、譲る必要は特にない。また、その家に同時に二人以上の客がいて、誰かが先に帰ろうとした場合には主人が家の外まで見送りのために出る義務があるが、ほかの客は外には出ないで待つ。

来客があったときに、主婦が最初にしなければならないことは、食べ物を客に出すこと――それはチュレク（トウモロコシでできた平たい大きなパン）と塩など、簡単なものでよい。客に敬意を示すための、少し大がかりな夕食の席は、それから焦らず準備すればよい。屠殺できる者がいれば、羊を一匹屠《ほふ》るのもよい。

羊を出すときは、茹《ゆ》でた羊の頭、肩甲骨、胸肉などを客の前に出す。そうして胴体のほとんどを給してから、客に向かって「あなたに対する尊敬の心から、羊を葬りました」と述べた。

客は受け取った羊の頭から肉の小片を切り取り、それを味わってから、交友や、親戚関係を結びたいと願っている大事な相手に羊の頭を渡し、ともに食するのである。

❁客の来ない家に幸せは来ない——客人の扱い方

あたりまえのことだが、客先の食事で欲張ってはいけない。「他人のご馳走を腹に詰め込むな、他人の馬草桶で自分の馬を肥やすな」と諺は言う。古代の叙事詩「鹿《シカ》」（第Ⅴ章「チェチェン人と生き物の関係・鹿」の項に詳述）は、食事に対する聖人君子の態度をよく示している。「氷より冷たい山の泉でも、渇《かつ》えた五臓六腑を存分に癒そうとせず——青草の芽でも、胃袋を満たそうとしない」と。

また、最近はめっきり見なくなったが、食事の一部を皿に残すことによって、その家に富を置いてゆく意味を込めた習慣もあった。

さて、もてなしに話を戻すと、客と家族らが同時に食卓に着く時は、一座のうち、最も年上の者が上座《かみざ》の主賓《しゅひん》席に腰掛ける（したがって、客＝主賓とは限らない）。この席はドアから一番離れた場所にしつらえられる。

さらに、ほかの年長者、客、妻の親族の順に、テーブルの上席から見て右側に座る。そのほかの縁者は左側に座る。

さて、食事がはじまる時、まず年長者は、客にこの食事を取り仕切るよう勧める。客はこの名誉を辞退して、ほかの年長者に譲ることが多い。

そのあとで幹事が決まるが、それには、その家と遠慮のない関係にあって、尊敬されている者が選ばれる。主賓が幹事になることはない。

昔、チェチェン人が石造りの塔に住んでいたころは、塔の一階か二階が客用の部屋として使われていた。また、それぞれの家庭には、客のために特に蓄えられた食物と、寝具があった。

客が家の扉を叩いて挨拶をし「客人として迎え入れてもらえますか」と尋ねれば、その時から主人はその客を保護し、もてなす義務を負うことになる。万が一家の客となった者が仇敵であっても、大事にするばかりでなく、その用事を手伝い、安全な場所まで見送る義務を果たした。

逆に客を欺《あざむ》いたり保護しなかったりすれば、それは七代あとまで引き継がれる不名誉とされた。

このように、チェチェンでのもてなしは手厚いものだが、特に目を惹くのは「保護」という考え方だろう。その理由を説明しよう。

見知らぬ村や地方では、客はとても無力な存在である。だから、誰もがたやすく彼を侮辱する事ができる。弱い者、貧しい者を守ることはアダト・ギルラフの目的である。

「客の来ない家に幸せは来ない」「一カ月の間、一人の客も家の扉を叩かなければ、その家に不幸が忍び寄る」という諺は、チェチェン人にとっての客の大切さを教えている。客は富《とみ》であり、もてなしは善行だったのだ。

昔は客が訪れてから少なくともはじめの三日間は、客がここを訪れた目的、旅に出た理由などを問いたださないのが礼儀とされた。客が家の戸口をくぐったときから、その家族の近親者として扱われた。例えば客の衣服を洗う必要があればそれを洗い、靴を修繕する必要があれば修理するといった具合に。

もし、客が家にある物、例えば短剣、毛皮帽子、騎馬などを気に入った時は、それを客への贈り物として進呈した。

もし、客が帰る時は、彼に敬意を表して屠った羊の前足を荷袋に入れた。また、見送りに出た主人は、去って行く客が三度振り返るまで、家の門のそばに立っていなければならなかった。戦争中や、強盗が跳梁《ちょうりょう》する時代であれば、次の村まで客を送った。

一方、客となって、その家のパンと塩を味わった者にも、義務がある。例えば、客が自分を受け入れた家族の娘に言い寄ることは禁じられている。こういうことをした者は「もてなしを汚した者」として、すぐさま噂が広まった。

❁弔事のふるまい方

チェチェン人なら、弔事のさいにどんな態度をとるべきか知っておきたいところだ。こういう場合には、品位としきたりを守る事、目立とうとしない事が大切だ。

まず、時と場合に応じた衣服を着る。具体的には、無帽で葬式に出てはいけない。そして、長袖のシャツをはじめ、衣服はゆったりしたものでなければならない。かつては帽子なしで葬式に出る者は一人もいなかった。言うのも辛いのだが、今のチェチェンでは、半袖のシャツや、スポーツウェアを着て、素足に靴をはいて葬式に来る者を見る事がある。これは明らかにおかしい。

なお、葬式では、必ずしも地味な服装をしたり、女性が黒のスカーフを身に付ける必要はない。それは誰かがキリスト教から借りてきた習慣である。

さて、葬式の場に着いたら、まず居合わせた人たちに向かって、イスラム式の挨拶をする。何かの事情でそれが望ましくない時は「お祈りを捧げてください」と言えばよい。挨拶を交わすと、その場で祈祷役の人が文句を唱える。そこで、やって来た人は、次のように悔やみの言葉を述べる。

故人が二十歳以上であれば「神よ、この者に哀れみを。神がこの者に報いて、この不幸にかかわるすべての人に、忍耐をお恵み下さいますよう。神の裁きの時が参りました」と。

もし、亡くなったのが子どもであれば「神がこの子をあの世でお役に立てますように。神があなた方を天国で再会させて下さいますように」と言う。そうして悔やみを受けた者は「神がご満足でありますように」と答える。来会者はこのあと、故人の親族と握手をかわし、または抱擁する。

参列した人びとはそれぞれ、死別の痛手を受けている遺族を助けなければならない。例えば、宗教に詳しい人はコーランを読み、祈りを捧げて、その知識を提供するといった風に。故人の身体を洗い、納棺の準備をするといった、特別な仕事をする老人たちもいる。若者たちは墓を掘り、棺を担ぐなどの力仕事をする。

弔問客は、式場を去ることが許されるまで、そこに留まることになっている。特に残る理由がなければ、遺族の許可を得て、もう一度悔やみの言葉を述べてから立ち去ってよい。

死から数日の間、遺族はさまざまな知人の弔問を受けるため、いつも人前に出ていなければならない。彼らに昼も夜も付き添うのは親族や友人である。

葬式には、同じような不幸に最近見舞われた人たちもやって来る。こうして縁者たちの間に作り出される雰囲気が、遺族の心を鎮めていく——自分たちだけがこうなのではない、同じような不幸に見舞われた人たちは立派に耐えてきた。今は忍耐し、信仰を強める時だ——そんな自覚を生み出すように。

葬式は三日から七日間続き、そのあとで生贄《いけにえ》の儀式（羊を屠る）が執り行われる。さらに四十日後に二回目の生贄の儀式が行われ、最後に一年後に行われる。

遺体の埋葬の場では、希望者が故人のなした善事を証言することになっていた。もちろん、口先だけではなく事実の場合のみ。故人の親族を喜ばせたいために、偽りの証言をしてはならない。

宗教が軽んじられたソビエト時代を経ても、このようなチェチェンの葬式の風景がほとんど変わらなかったことは特筆に価《あたい》する。

チェチェン戦争がはじまる前、つまりそれほど多くの死者が出なかった頃は、縁者たちは一年間は遺族に気を遣《つか》い、その近所では結婚式や夜会を催さず、大きな声を出さないように気を付けたものである。今ではそんな余裕はない。

※「貴人」と「奴隷」

チェチェンでは生活のすべてが、ウェズデンゲルによって定められている。

老人、客、親戚、弱者、そういったさまざまな人間に、どうやって敬意をあらわせばいいのか。また、自分自身の安楽や欲望をもとめず、隣人を助けていくにはどうしたらいいか。そんな教えを、子どものころから家庭で学ぶことになっている。

とはいえ、世の中にはいろいろな人がいる。ある者は細かい点まで気をつけ、時には自分の損得などかえりみない。

しかし反対に、あらゆる手段を使って自分の義務を減らそうとする者もいる。

そういう現実もあるので、チェチェンではすべての人間を二通りに区別した。すなわち【貴人】と【奴隷】にである。

【貴人】の中には「立派な若者」「大人」「聖人君子」と、三種類の人がいる。【奴隷】もまた「間違って生まれた者」「エラの張った者」「先導者気取り」に分けられた。

くわしく言うと、次のようになる。

- 立派な若者→社会に加わるのに充分な意識をもった者
- 大人→分別をもった者
- 聖人君子→深い知恵をもった者

【貴人】とは高潔で、貧しい者を助け、家庭、出生地、ひいては国中で尊敬される人物のことだ。

一方【奴隷】は、欲望を満たすことばかりを考え、家族に関心をもたず、道徳を守らない者を指す。【奴隷】は次のような者たちである。

・間違って生まれた者→欲望を追い求める者。周りからどう見られていようとかまわない。
・エラの張った者→口がうまく、外見だけでも人より抜きん出ようとする。欲望も強い。
・先導者気取り→自分を、賢明で立派であるように見せたがる。

ウェズデンゲルとは、それを知るだけでは充分でない。生涯守るべきものだ。だからウェズデンゲルには、人が道を逸脱しないようにする教えがたくさん含まれている。子どもには、小さいときから「もしお前が悪いことをすれば、お前のあとに生まれる七代の子孫に迷惑がかかる」と、くり返し言って育てた。

人が生きる「今」という時間は、孤立しているのではなく、歴史の連鎖の一部分にすぎないのだ。チェチェンでは、人は人生の困難に突き当たった時、祖先を手本にして出口を見つけようとしたし、何かの決断をする時には、その理由を聞かれた時のために、いつでも先例を挙げられるようにしていた。過去を手本にすることはいつでも大切にされた。

不道徳なものから自分を守るために、尊敬する人に「道徳の守護者」になってもらうことを求める人もいた。「私が何か間違った事を言ったり、したとき、私を教え導き、正しい事を語っていただきたい」と。

人間をウェズデンゲルという枠《わく》の中に踏み留まらせるのに役立ったのは、社会からの評価であった。先の区別のような評価は、民衆自身がしてきた。

そういう評判は、誰かに対するうれしがらせなどではなく、自然に広まった。もちろん、不道徳な行為をすれば、その評判も自然に広まるのである。

◎「秘密の言いふらし」と「呪いの宣告」

昔、チェチェン人のあいだでは、犯罪を防ぐために「秘密の言いふらし」という習慣があった。例えば、誰が盗みをした、誰と誰が密かに罪深い関係を続けている、誰が酒を飲んでいる、といったことを知ってしまった人が、村人にそれを知らせるために、夜中に外に出て大声でいいふらすものだ。もちろん、声を変えて――。

これには弊害もあった。妬《ねた》みに駆られて、嘘の告発をする事もできたからである。それでいつしか、この方法は禁じられていった。

ウェズデンゲルに反した者への罰に「民衆の呪いの宣告」があった。これにより、悪事を働いた者の名がすべての人に知らされ、それは社会からの追放を意味した。

全民族的な規模での「呪い」は、国の重要な問題を話し合うために招集される全国会議（第Ⅵ章に詳述）の決議という形で定められた。

その決議は即座に実行された。まず、民衆を大勢集めてから、尊敬を受けている長老が、大声で罪人の名前と罪の内容を告げ「この者に神の呪いがあらんことを」と述べたあと、空に向けて銃を撃った。これが七回繰り返される。

少し違うやりかたもある。例えば、長老が呪いを述べて、道ばたに小石を一つ投げる。居合わせたすべての人が同じことをくりかえすと、呪いの塚【カルラグ】ができた。呪いを形にして残すわけだ。

さらにそれからは、塚のそばを通る者は足を止め、それぞれに塚に石を投げた。こうして塚は日ごとに大きくなり、ウェズデンゲルの道を踏み外してしまった者がどんな不評を買うかを警告する役割を果たした。

呪われた者が不満を抱き、夜中に塚をすっかり平らにしたこともあった。だが、人びとは石を投げるのをやめなかったので、もとの塚に戻ってしまった。

呪いの塚は、無実の者を殺したり、誓いを破ったり、女を侮辱したときに築かれた。この習慣はイスラム教が伝わる以前の異教時代に生まれ、それ以降も続いた。

つまり、呪いとは名誉の剥奪だった。

❁「血の復讐」とイスラム

イスラムが教えるように、チェチェンでも人の命は貴重である。コーランでは、一人の人間を殺す罪は、地上のすべての人間を殺す罪に匹敵すると定めている。

それでも殺人が起こってしまったら「呪い」だけでは罰は終わらず――「血の復讐」【チイル】が

行われる。

殺された者の家族には血の復讐の権利があり、最悪の場合には、罪人を極刑に処する事もあった。

また、罪人だけでなく、その近親者（兄弟、父親、息子、ときには親戚）が復讐されることもあった。

とくに、女性にかかわることでは、チェチェン人は厳しく対処した。女性が一人死ねば、報復のために二人の男の命が要求された。女性は男性より非力であり、子を宿す存在であり、そしてまた母を侮辱することは、許されない悪だからだろう。

チェチェンの社会では、血の復讐が重要な役割を果たしている。取り返しのつかない悪事を起こせば、復讐される――この常識があるために、人びとは間違いを犯さずに済んできたのである。

もし、父が殺されても復讐をし遂《と》げる息子がいなければ、娘が受け継いだ。チェチェンには「草《くさ》木《き》でさえも仕返しをする」という諺があるくらいである。

すぐに復讐されることもあれば、数十年もあとになってから実行に移されることもあるから、人びとは、殺人を犯したり、誰かに侮辱を加えることを極度に恐れた。

復讐者にとっても厳しい規律があり、それを守らなければ名誉は失われる。例えば、敵の家に行っていざ復讐する時、相手が食事中であったり、お祈りをしていたり、病気をしていたら、殺害してはならなかった。

そしてついに復讐を果たしたなら、復讐者は死者となった敵の顔をメッカの方角に向け、臨終の祈祷を行い、死者に許しを乞い、親族にはすぐに、遺体のある場所を知らせることになっていた。

敵の死体を侮辱することは固く禁じられていた。例えば身体を切ったり、地面をひきずって冒涜《ぼうとく》しようものなら、慣習は「二つめの血」つまり復讐者への罰を要求した。

しかし一方で、イスラム法典は直接の下手人でない者を殺すことを禁じている。そこから言えば、殺人の仕返しとして罪人の息子を殺害するのは悪である。にもかかわらず、チェチェンには復讐の慣習が残っている。

これは恐らく、犯罪が起こったときに、親族たちがあらゆる手を尽くして罪人かくまったから、結局、その人びとも共犯者と見なさざるをえなかったのだろう。

現代でも血の復讐の慣習は続いている。

たしかに親族たちが罪人を助けることは罪である。しかし、罪人でない人間が復讐されてしまうのなら、これもイスラムの見地から見て間違いだ。だから、私たちが本当のイスラム教徒でありたければ血の復讐という慣習は根絶しなければならないはずである。

❁「血の赦し」――紛争の解決

その一方、復讐が避けられないような事件が起こっても、それ以上の流血にはならないように和解【バルトバル】を助ける人たちが、つねに民衆の中にいた。和解の方法は事件によって違うが、双方が歩み寄らなければ、いつまでも解決しないことは言うまでもない。

そこで殺人の場合の和解の例を書き留めておこう。

まず、罪人の親族がまったく殺害に関与しておらず、罪人をかばわなければ、罪人の親族は被害者の遺族に、仲介者を通して寛大さを乞《こ》うて和解の席についた。ここに「血の赦《ゆる》し」の儀式がはじまるのである。

まず最初に、遺族のところに、罪人の親族が来て哀悼の意を表す。

次に、土地の長老が遺族に請願し、遺族は罪人の親族に対する血の赦しを決める。こうして、親族たちは復讐を免れる。

そして最後に、罪人自身への赦しがある。この時、近隣の村のすべての男が遺族のもとにやってきて帽子を脱ぎ、罪人への赦しを乞うた。

その列の先頭には長老が立ち、弁の立つ者は慰めの言葉を述べて赦しを乞うた。当の罪人は、心から悔い、この世の喜びをすべて諦《あきら》めたしるしに、白い布にくるまれ、埋葬用の輿《こし》に乗せて運ばれて来る。

そして、遺族が、罪人の頭とひげを剃り、これをもって赦しが下されたことになる。殺されることはないという確信がなければ、罪人も相手にかみそりを委ねることはできないはずなので、あえてそうすることで相互の信頼が確立したことが示される。

血の赦しは、加害者と被害者の敵対の終わりであり、友好のはじまりでもあった。このときから、被害者の家族は、自分たちに赦しを乞うた者たちに対して、尊敬と配慮の心で接しなければならないことになっていた。

もちろん、それはこの世代だけではなく、子から孫へと伝えられた。もしも赦しを乞うた者たちが無礼な振る舞いに及んだら、赦しは取り消されてしまう。

というわけで、血の復讐は、いつも流血に終わったわけではないのである。

あるとき、一人の娘を誘拐した犯人が、彼女をひどく侮辱したあとで捕縛された。血の復讐により、罪人の殺害も認められたが、公衆の面前での精神的な辱めと引き換えに許されたこともあった。こういう時は、罪人を人通りの多い所に立たせ、腰から下の衣服を取り上げ、重い罰金を取り立てたりした。

血の復讐は古い慣習だが、今日でも生きている。例をあげると、一九九八年の夏に、グローズヌイの住民たちは、娘を侮辱しようとした三名の罪人が処罰されるのを目撃することになった。このとき、その前例が踏襲された。

罪人たちは死刑か、あるいは群衆の前で腰から下を露出するか、いずれかを選ばされ、三人とも侮辱を受けながらも、命を与えられる方を選んだのだった。

復讐と赦しについては、作家のイドリス・アトサラモフも著書の一冊で触れている。

――こうして、勇敢さで名の知られた七人兄弟の一人が、彼の手にかかって死んだ。

それから三日目の早朝、追悼の祈祷が終わってから、残った六人の兄弟の屋敷に、大勢の人が集まってきた。一番上の兄が家から出て、人びとに歩み寄りながら言った。

「尊敬するお客様方、あなた方にとって喜ばしい朝でありますように。私はあなた方の靴の底にも値しない者だというのに、なぜあなた方は跪《ひざまづ》いているのですか？　どうぞ、お立ちになってください」

その時、請願者の先頭に立つ長老が話しはじめた。

「弟さんの事では、かえすがえすもお悔やみを申し上げたい。さぞご心痛のことだろう。神よ、定めより早く世を去った者に祝福を与えたまえ。そして子孫が不自由なく暮らせますように。

ところで、私どもの頼みと言うのは、難しい事ではない。血の復讐の重荷は、この不運にめぐり合わせた一人だけにとどめるよう、あんたがたにお願いしたいのだ。まだ手が汚れていない者たちを、この不運から解放してやってくれないか」

そこで、一番上の兄が話しはじめた。

「あなた方に、神の栄光がありますように。それは、あなた方がわざわざここへやって来て頼むような大ごとではありません。なのに、あなた方は私たちの家まで来て、このような敬意を示された。もし必要であれば、私たちは皆、あなた方のために命を惜しみません。

二人は正々堂々と戦い、たがいに傷を負わせ、それがもとで、弟が死ぬ巡り合わせとなりました。相手が悪を目論んだわけではありません。でも、喧嘩は喧嘩です。われらの祖先は言いました――喧嘩はコテージチーズやバターのような（作りやすく消化しやすい）ものではないと。

ここに集まった尊敬する皆さん方に、チェチェンの母親たちが揺りかごの上で流した涙の名において、われらをお創りになったアラーの名において――お願いします。どんなに遅くなってもかまいません、血の復讐がなされるべき者をここに連れて来てください――」

やがて、弟を殺した男が埋葬用の輿で運ばれてきた。そこで長男は、自分の母親を呼び招いて、こう言った。

「母さん、こちらへ来てくれ。ほら、ここに横たわっている人はね、あなたのような母親が揺りかごで育ててあげたのだよ。あなたはこの人の母親が泣きだすのを見たって嬉しくはないだろう。

死んでしまった者の代わりに、この人を自分の息子になさい。今日からあなたには、あの世に一人、この世に七人の息子がいることになる。打ち砕かれた心を、勇気をもって鎮めて、この人を許し、抱擁してやってくれ。

――皆様方、私たちはあなた方なしには生きて行けない。神と皆様方のために、私たちは彼を許します」

❂忍耐の不足は失望を呼ぶ

だが、これよりもっと軽いもめごとを始末するのに忍耐が不足してしまうと、事態は紛糾した。

アトサラモフは、もう一つの話を紹介している。

ある山村での話。流れ弾で、一人の若者が不幸な死を遂げた。そこである朝、近隣の村人など多くの人たちが、その父親に請願するために集まった。請願の動きを察知した父親が姿を消したりしないよう、人びとは夜明けに、前触れもせずやってきて、父親の家の中庭や前の通りを埋め尽くすように跪《ひざまず》いていた。その中で、たった一人、じかに請願する役目となったアウドゥル・ハリム・ムルラだけが立って、被害者の父親を待っていた。

この様子を窓の外に見た父親は、靴をつっかけて、羊の毛皮外套を歩きながらはおって外に出た。彼は非常に機嫌が悪く、挨拶も交わさず、集まった人たちと乱暴な口調で話しはじめた。

「あんた方はなぜ私の家に来たのか？　ここから出て行ってくれ。私はあんた方には用がない――」

そんな応対をされたアウドゥル・ハリムは言うべき言葉も見つからず、途方に暮れて立ちすくんでしまった。

このとき、彼の隣にいたイスライルという者が立ちあがり、激怒する主人に近づき、すがりついて言った。

「ご主人様！　私たちは祝宴のために来たわけではありませんので、前触れはしませんでした。あなたがどこかに行かれてしまうかもしれないと思ったのです。私たちの言葉に耳を傾けてほしいのです。

私たちがこうしたのは、あなたへの尊敬の念からです。どうぞ辛抱強くなさってください。あなたの前に跪いている皆をご覧ください。彼らの、心の底からの願いを聞き入れてくださ い」

このとき、冷静さをとり戻したアウドゥル・ハリムが、それから先をひきとった。アウドゥル・ハリムの訴えは、不幸な人間の宿命、厭《いと》うべき悪、慣習の大切さ、忍耐、そうした考察をつきつめた言葉であった。

だが、死んだ若者の父親は、あい変わらず耳を貸そうとしなかった。彼には人びとの話が理解できず、かえって逆上してしまう始末だった。人びとは昼まで、石のようになった心を和らげようと試みた。

偶然に起こってしまった犯罪を許してほしい。そう訴えて跪く人びとの願いは、結局は受け入れられなかった。

チェチェン人は正当な請願に応えようとしない人を、尊敬しなかった。その時、まだ若いのに人びとから尊敬されている若者が、立ち上ってこう演説した。

「皆の衆、聞いてくれ。聖なるものの名において、過失をした者を許してほしいという請願は、応じられなかった。この者は民衆の願いを断ったのだから、もはや礼を尽くすことはない。この男はわれわれが相手にするに足る男ではない。さあ、もう立ち上がって帰ろうではないか」

忍耐とは——自分が間違ったことをしないだけでなく、悲劇が起こっても、自暴自棄に陥らない力のことでもある。

だから、悲しみにうちひしがれた者には、次のような昔からの挨拶をする。「神があなたに忍耐と信仰をお与えになりますように」と。

❁和解について

多くの場合、血の復讐を免れるには、加害者はおびただしい額の賠償金を支払わなければならなかった。

被害者の遺族が赦しを決める場合は「血の代償」として六三頭ないし七〇頭の雌牛、あるいはそれに相当する金を受けとる権利があった。

また、加害者かその家族が思いがけない高潔さを示し、復讐がとりやめられることもあった。こんな物語も残っている。

ある男が、復讐から逃れるために、国を去った。

遠い国での逃亡生活が続くある日、嵐の吹きすさぶ夜に、彼は用があって家を出なければならなかった。そこで、家の外に復讐者が隠れていないか見てくるようにと、妻に言った。するとと彼女はこう答えた。

「こんな遠い国まで、誰がたどり着けるというのでしょう。きっと大丈夫ですよ」

夫はそうは思わなかった。

「いや、私はあの人たちをよく知っている。本当に高潔な人たちだ。彼らは必ず私を追ってくる。だから行って、外の具合を見ておいで」

じつはこの会話がされたとき、復讐者たちはその家の窓のそばに潜んで中を伺っていたのだった。

しかし復讐者たちは、誰もが油断するはずの遠い国で、思いがけず自分たちへの敬意に満ちた言葉を聞いて、心が動かされた。

そこで彼らは家の中に入って血の赦しを通告した。そしてその証拠として、罪人のひげを剃り、チェチェンへと帰っていったのだった。

和解が代理人を通した交渉に委ねられることも多かった。その代理人たちは、敵対する家族の立会いのもとで、自分の側の理由を述べ、ときには大きな声で、ときには声を低めて交渉をした。比較的軽い事件であれば賠償の支払いで済むが、その額は慎重に決められた。

ある盗みの事件では、犯行が被害者の屋敷内で行われたので、まず、盗まれた物の直接の損害を賠償した。また、勝手に家に入ったこと自体が、その家の家族への侮辱と考えられ、屋敷内で罪人が踏んだ一歩一歩につき、雌牛《め》一頭を支払う必要があるという結論になった。

代理人たちは、ウェズデンゲルとイスラムの深い知識をもち、雄弁に恵まれた人びとで、和解のためなら昼夜の区別もなく、吹雪や雨にもめげず働いた。

かくして「復讐」は人を慎重にさせ「赦し」は流血を防ぐのだった。

第Ⅳ章
結婚、家族、子ども

チェチェン語では家族は【ドサル】という。【ド】は種子で【サル】は存在、継続という意味だ。

ここで言う家族は、両親とその子どもたちだけではない。チェチェンの家には、両親、祖父母、子どもの三世代が一緒に暮らす。その上、家長の兄弟姉妹や、もっと多くの親族が同居することもある。

さらに「同じ血の人びと」という概念もあって、同じ祖先から出ているいとこおよびまたいとこも、家族に含まれる。

家庭を作り、子どもを育てる事は、人生の試練の一つだ。コーランによれば、神は人間に三つのことを訊《たず》ねるという。お前は何をしたか、お前の家族はどうか、そして財産はどれだけか、と。

家長が家族を置き去りにしたり、つまらない理由で離婚して子どもたちを苦しませるのは、大きな罪である。

❁チェチェン人の名前

子どもの名前を決めるのは、その子の父親か、生きていれば祖父の権利である。マゴメド・ジカエフの詩のひとつに、子を授かった男の友人たちが、いろいろな名前を提案していると、居合わせた老人が語りかける一節がある。

子どものために

いたずらに偉大な名前を求めるな
われらの小さな村人が
十五歳になるのを待て
すると誰に求めなくとも
民衆は彼に名前を付けてくれる
祖国のためになし遂げた
その行いによって

たしかに人間の評価は、その人の行為や資質によって周りの人びとが決め、場合によっては新しい名前が付けられることもある。そうかといって、生まれたばかりの子どもに、一時しのぎのいい加減な名前をつけるのも考えものなのだが、今も昔も天邪鬼《あまのじゃく》はいるから「しっぽ」とか「角」とか「ピストル」などという名前がついてしまった人もいるにはいる。

最近では、ほかの民族から借用した名前にも人気がある。しかも、その名前の意味を深く考えたわけではなく、よその国の政治家、芸能人の名前など、どんな名前がつけられるか、わかったものではない。

こんなことになるのは、名前というものが、その人の人生の向きを示す一種の標《しるべ》であり、お守りのようなものであるということが、忘れられてしまっているからだろう。

名前はその人の資質が伴なった時、はじめて美しく際立つ。それは成長とともに明らかになるのだが、ある程度は、名前と宿命には関わりがある。

私たちの遠い祖先たちは、このことをよくわきまえていた。昔のチェチェン人の名前には、樹木や、草、水に関係のある名前も多く、そこには自然への敬意を見つけだすことができる。

樫【ナジャ】、漄木【コーラ】、森【ヒウナ】、泉【ショヴダ】、花【ゼザグ】、開花【ザザ】といった名前や、鳥、動物、昆虫にちなんだ名前もある。鷹【レチャ】、雀【ヒオザ】、蝶【ポーラ】、テントウムシ【ドダ】、狼【バルザ】、ライオン【ロマ】などだ。

イスラム教の定着につれ、いくつもの新しい名前が入ってきて、子どもたちに祖先や誉れ高い人の名前を付けることが増えた。

その後、チェチェンがロシアの勢力範囲に入ってからは、ロシアやヨーロッパ系の名前が多くなり、チェチェン固有の名前の人気は落ちた。チェチェンがソビエトの支配下に置かれた時代について、詩人のヤムリハン・ハスブラートフはこう書いている。

狼【バルザ】という　恐ろしい名前を
付けることは少なくなり
気高い統率者の名前——
オリョールは忘れられている

現代の一部のチェチェンの家庭では、子どもが生まれた時、酒まで持ち出して騒々しい出産祝いがされることがある。しかし、そんな落ち着かない場で子どもの名前を考えたり、付けたりするべきではない。

名付けは、子どもが誕生してから七日目に行う。昔は子どもが生まれると、生け贄の儀式をするだけでなく、数日にわたる祝典や、馬芸を催した。親族や知人たちが子どもの幸せを願って、次のように挨拶を述べた。

どうか神が彼をよき家族の一員としてくださいますように！
どうか神が長寿を授けてくださいますように！
アルグン川に髪の毛が生えるまで生き永らえますように！
ネコに角が生えるまで生き永らえますように！　――など。

子育て

子どもが生まれてから数日から数週間のあいだ、父親は親族や長老たちから身を隠すために家を出た。これは母親が道で尊敬すべき人と会ったときに、子どもを地面に下ろして通り過ぎるのを待たなければならなかったのと似た、昔からの慣習である。

この慣習の意味は、今でははっきりわからない。もしかしたら、アダムとイブが禁断の木の実を味わって感じたものと、たった今生まれた子どもの父親と母親の心を捕えている羞恥には、共通するものがあるのだろうか。

いずれにしても、慣習としては、他人のいるところで自分の子どもを愛撫したり、抱いたりすることはなく、つとめて構わないようにする。父親の場合は特にそうだ。

父親も子育てに参加するが、子どもが大きくなるまで、父親はいつも少し離れた所にいることになっている。父親の存在は、彼を尊敬しつつ子どもを育てる母親を通して伝わった。子どもが一人で歩きはじめるまでは、父親はほとんど彼に構わなかった。

子どもは自分の父親を、直接にふれあうよりはその仕事を通して知り、母親が見るような目で父を見た。しつけが行き届いた家庭では、子どもは父親のいる所では決して座らず、食事をするのも別のテーブルだった。

ある老人は次のように語っている。「昔、母が家を掃除していた時、子どもを寝かせた揺りかごを父の部屋へ持ち込んだのを見て、父は腹を立てて揺りかごを中庭の雪の吹き溜まりに放り出したことがあった」

これは極端な例だが、私たちの祖先が子どもとの関わりに厳しかったことを示しているとは言えそうだ。

家族が多いと、父親は母親が間に立つだけでは満足せず、とりわけ息子たちの子育てに手を尽くした。このことを、作家のムサ・ベクスルタノフは一九八五年に刊行された『白い雲の鶴』という短編小説のなかで書いている。

私たちが七歳か八歳の頃、父は私たちをドアのそばに並ばせて、説教をはじめることがあった。父はときどき我を忘れて声を荒げ、お前たちはこのままではまともな人間にも、役に立つ人間にもなれないだろうと言い切った。

そのあと、きまって自分のおじいさんのことを話しはじめた。そうやって、だんだんと七世代前までのすべての祖先のことに話が及んだ。

「この人たちが気の毒だとは思わないか。ああして立派に生きて、悪く言う者は誰もいなかったのに、これからつまらない子孫が出てしまったら――。

おまえたちは、いつもこれは誰々の息子だと言われて、ご先祖と一緒に評価されるんだ。だから、ご先祖に恥ずかしい思いをさせないようにしなければいけない。

知識のある人びとはこう言っている。聖人君子が、自分の命や自分自身のことだけを案じるようになったらもうおしまいだ、と」

父はこう続けた。

「聖人君子は気前よく、いつも手のひらを一杯に広げているものだ。もしお前たちが、他人との紛争や、血の復讐や、そういう大変な問題を起こさなければ、立派に生きることはそれほど難しくない。われわれの習慣に従って大らかに他人と付き合えば、きっと成功を収める事だろう――」

そういう話をしてくれた父は、いつも厳しく、しかし優しくて寛大な人だった。

この一節には、大切なことがいくつも含まれている。

・父親は叱っているかのように、子どもを教え導く。話を子どもたちの心に刻み付けるために。
・七代の祖先の名誉を守らねばならないことを理解させる。
・父親は、気前のよさを強調している。また、男子が出会うであろう困難、血の復讐や他人との紛争（完済できない借金など）を教える。

昔はこうして、親族や祖先の物語が、子どもの教育のためによく話されていた。

母と子

母親が幼い子どもに歌って聞かせた子守唄もある。

幼子よお眠り
安らかにお眠り
幼子よ起きなさい

おりこうになって起きなさい
幼いひよこちゃんに
安らかな眠りが訪れますように

眠るのは　健《すこ》やかになるため
起きるのは　健やかになるため
お眠り　お眠り
生い茂る木の葉のように
神さまがお前たちを増やしてくださいますように

母親と子どもの関係も大切だ。まだいとけない子どもの時から、母親とふれあうたびに神のことを知らされていて、母親が祈りの前に身を洗い清めたあとに、その胸に抱いてくれたなら、そして耳がいつもコーランの響きで満たされていれば、子は素直に神を信じる人間に育つだろう。

親は、子どもがコーランに精通する事を願って、はじめて切った子の爪をコーランのページの間にはさむことがある。また女の子が巧《たく》みな刺繍《ししゅう》の縫い手になるのを願って、爪をミシンの中に入れることもある。こういう風習はイスラムになじまないところもあるが、子どもたちが勤勉なよい人間に育ち、人生を幸せに送って欲しいという願いをもつのは、どの親も同じだ。

子どもが大きくなると、母親は生きていくのに必要なことを少しづつ教えていく。つねに身を清潔にすることや、日々の糧について考えることを。そしてたくさんの戒めや諺《ことわざ》を話して聞かせる。

パンくずを落としてはいけない。もし落としてもそれを踏みつけてはいけない。少し焦げた食べ物を食べる人は勇敢になる。

焼いたトウモロコシの穂軸の根に近い部分を食べると力持ちになり、先の部分を食べると美しくなる。

カエルを殺してしまうと、家の雌牛が死ぬ。

蒸し風呂では、ほうきで体を叩いてはいけない、幸せが消えるから――

❁チェチェンの遊びと謎かけ歌

数え歌や言葉遊びも、心を賢く豊かにするものである。とくに、問答式の謎かけは効果があった。

例えばこういうものがある。

あそこで動いているのはなあに？

黒いカラス。

クチバシにくわえているものはなあに？

クルクル、クルミ。
あれが落ちてきたらどうするの？
じゅうたんを広げる。
じゅうたんが破けたらどうするの？
針でぬい合わせる。
針が折れたらどうするの？
職人さんに直してもらう――

こういうやりとりは、とても長く続くこともある。例えば、「悪魔を言い負かす」という題の謎かけは、二六の問答からできている。悪魔が子どもに難題を出すのだが、子どもがいつも適切な答えをみつけるので、耐えきれずに心臓を破裂させて死ぬというものである。この言葉の競争はこんな風にはじまる。

一つあるのはなあに？
一人より楽しいのは二人
二つあるのはなあに？
両方の目

三つあるのはなあに？
しっかり立った三本足のイス
四つあるのはなあに？
しっかり立った四角い塔
五つあるのはなあに？
五つ結わえたものは一度ではほどけない――

肝試しもした。まず一人が墓地に帽子を置きに歩いていき、ほかの子どもたちはいろいろなやり方で彼を脅《おど》かす。帽子を持った子どもは、何が現われようと目的を果たさなければならない。その帽子は、次の少年が持ち帰る。

女の子たちの遊びは人形遊びだった。人形は母親が、糸や布切れ、それに小さい棒を使ってこしらえた。女の子がある程度大きくなると、母親は家事を教える。

子どもが話せるようになるとすぐに神への言葉を唱えることを教えた。例えば、食事の前には「偉大なる神よ、自由に食し、健康である事をお許しください」と唱え、食事のあとには「神よ、あなたに栄光あれ！」と言うように定められていた。

また、満七歳になると、『ハディース』（マホメッドの言行録）に従って、イスラム教の礼拝の仕方を教える。

ソビエト時代にはなかなかできなかったことだが、信心深い家庭では、子どもたちにコーランを読むことも教える。イスラム教に興味をもたせ、その美しさと偉大さを伝えるために、宗教の儀式に連れて行き、金曜礼拝の前夜には、喜捨を子どもたちに配らせて回る。

また、断食《だんじき》明けの祭りの日には、子どもたちに大盤振る舞いがされ、忘れられない嬉しい日になるのである。

❁雨乞い遊び

「雨乞い」と呼ばれる異教時代からの風習がある。

日照りが続いたとき、子どもたちが村のはずれに集まり、そのうちの一人を、束ねた草か小枝で着飾らせることからはじまる。その子を真ん中に隊列を組み、子どもたちは村じゅうを移動する。そしてどこかの家の木のそばに寄って、こう歌うのである。

私はコルシクリ（着飾った者）
雨をお恵みください　神様
アラーの神様
すぐに天から降ってきますように
土のために暖かい恵みとなりますように

お父さんのところの桑がうるおいますように
お母さんのところの垣根がうるおいますように

すると、その家の主婦は、子どもたちを迎えに出て、小枝に覆われたコルシクリに水をかける。水をかけられるたびにコルシクリは跳び上がって、体を震わせる。子どもたちはお駄賃に小銭、卵、果物、菓子などをもらいながら村じゅうを回り、夕方になると、貰った物をみんなで分ける。もちろん、最も多い分け前にあずかるのは、コルシクリである。

❁幼年時代の終わり――十五歳の儀式

男の子がある年齢になると、人生の重要な区切り――割礼《かつれい》（ハディースに基づき、男子の局部の包皮を切除すること。身を清浄にするという意味合いがある）の儀式がある。すべてのイスラム教徒には、子どもにこの儀式を受けさせる義務が課せられている。例えばアラブ人は、この儀式をかなり幼い時に受ける。チェチェン人の場合は、少年が七歳に達する前に割礼し、そのあとで生け贄を捧げる儀式を挙げ、喜捨をするならわしである。

幼年時代は十五歳で終わる。この時、子どもははじめて腰にベルトをつけて大人の仲間になり、ひとつひとつの行為と言葉の責任を、神に対して負うのである。

十五歳の祝いに生け贄の儀式を行い、これからは大人と同じ義務を課せられるということを教える家もある。成人としての義務（儀式や、何かの事件があった時に親戚や知人を訪問するなど）を完全に引き受けないままに三十歳にもなる若者は少なくないから、成人の節目にこのような儀式をするのはよい慣習だ。

こういう時の生け贄の儀式には、尊敬されている長老や、イスラム教の精通者たちが集まり、若者に新たな義務を説明したあと、祝福と贈り物をする。

そして、彼をさまざまな共同奉仕や儀式に誘う。これ以降、若者は自分の知識に応じて共同集会に参加するようになる。すなわち祈りへの参加を呼びかけ、コーランを朗唱する。

こうした配慮をすることで、若者はタイミングよく大人の義務を理解し、新しい生活に慣れる事ができる。

❁戦士の試験

男子が戦士になれる年齢も十五歳だった。だが、敵を撃退するために出陣する戦士たちが、その資質のない者を連れて行くことはない。そこで、一種の試験が行われることになる。

例えば、大きな丸い岩に、若者が完全装備をし、一度も斜面に手を掛けずに駆け登るという試験があり、登りきれない者は戦士にはなれなかった。

この種の競争について、作家のサイド・ハサン・タガエフが本に書いている。

例えば、帯剣の権利を得るためには、立会人を前にして、自分の腰まわりと同じ太さにしたヤマボウシの細枝の束を、一撃で切断できなければならなかった。そのためにはどれほど鋭利な剣が必要だったことだろう！　どれほどの力、技能、スピードを身につけなければならなかったことか！

これに合格すると、次の試験が待っている。それは、二人の若者が重い石でできた碾《ひ》き臼《うす》を足に結び付け、先を争って走るというものだった。この試験は昼、夜どちらに行ってもよかったが、若者たちは続けて三つの村をまわるまで、それをやめてはならなかった。犬が吠えようと、銃声が聞こえようと、誰かに救いを求められようと、後を振り返ってはならなかった。それは弱気の表れと見なされたからである。

この試験に合格すれば帯剣と、小銃を持つ権利を得られた。

また、若者は一時期、尊敬される大人や聖人君子に預けられ、そこで礼儀作法や武器の取り扱い方を学び、勤勉さや機敏さを養った。その間、同年代の若者との共同生活を経験し、その家の修理など、何でもするのだった。

❁結婚前の交際

十五歳になった若者は、男女とも結婚する権利がある。たいてい若者たちは、いつも人びとが集まる場所、すなわち泉のほとり、共同作業場、夜会、結婚式など、人のたくさんいる場所で知り合う。

デートの場所としては、村の泉のほとりが選ばれることが多かった。なぜかというと、娘たちは毎日、泉へ水汲みに来るから、わざわざ呼び出す必要がなかった。だから娘に求愛している若者は、馬に水をやるという口実で泉に顔を出していれば、いつでもそこで彼女と会うことができた。

慣習では、立会人のいない所での交際は禁じられていた。

それから、村の泉はいつも誰かしら人がいるので、立会人を呼ばなくてもよかった。また、透明な水がよどみなく流れ、水底の石がよく見えるような所なら、清く明るい関係が生まれるというものだ。

泉のほとりでの様子は、サイド・バドゥエフの中編小説『ベシト』のなかで次のように描写されている。

——水汲み場に続く道は、日暮れになると、馬を家に戻そうと急ぐ若者たちで溢れていた。この時間になると、たくさんの娘たちが水汲みにやって来るからだ。娘目当ての若者は、馬を子どもたちに押し付けて、水汲み場に居残っている。

あちらこちらで、若者が娘に話しかけていた。娘たちも悪い気はしないから、ほがらかに応対して、楽しそうに笑っていた。

水差しに水が満たされるたびに柄杓《ひしゃく》が触れる音が響く。

ある時は、馬を元気づけるノガイ（チェチェン近隣の民族名）式の口笛が響き渡ったかと思うと、馬に乗った若い男たちが村の通りを走り、娘たちに追い付くと「娘さん、おれについてこないか？」と声をかけた。娘たちははじめて見た相手でも、「もちろん、行くわよ」などと冗談めかして答えていた。

水汲み場の娘たちは、ひとしきりおしゃべりが済むと家に帰っていく。

日が暮れて水汲み場は静かになり、残った若者の一人がこう漏らした。

「神がどうお決めになるかは分からないが、あのかわいい娘は、誰にも渡したくないなあ」

すると別の者がこう励ました。「心配しなさんな、心にかなう娘とそれぞれ一緒になれるように、神はおれたちをお造りになったのだから」

青春のまっただなかにいる若者たちは、この言葉でますます嬉しくなり、手を打って楽しそうに笑うのだった。

❁婚約──「心の対話」と約束の贈り物

泉のほとりでのやりとりは「心の対話」と呼ばれていた。

ここでの交際が深まると、娘は男に約束と贈り物をする。約束の中身は、世界中の喜びと、これからの二人の人生のすべての結果を分かち合うことで、贈り物はその証しだった。品物は指輪、時計、スカーフなどで、これを与えるとき、娘は男に結婚の時期を告げるのだった。

その約束の贈り物は、言葉より大事なくらいだった。ひとたび娘が贈り物を手渡したら、ほかの男に嫁ぐことは許されない。ここで何か間違いが起こるとややこしいことになり、周辺の人びとの反目さえ招いてしまう。

万が一、娘がその約束をしていながらほかの男と結婚したとしても、実際に結婚した男の方に約束の贈り物を与えていれば、問題の解決はやさしかった。約束の言葉よりも、約束の贈り物の方がずっと価値があったからだ。

男は、求愛した娘の態度に不満があった時、例えば、彼女がほかの者の求婚を受け入れたいと言ったり、または本当にそうしていたら、男は泉のほとりでこれまでの優しさに対する感謝の言葉を述べることになっていて、実はこれが関係の解消を意味していた。

娘の振る舞いがどれほど耐え難くても、その娘の名誉を汚してはならなかったからだ。

❁夜会——もう一つの求愛の場

若い男女が近づく場としては、夜会というものもあり、遠来の客があった時や、婚礼などの祝い事の時に開かれた。

夜会はダンスをメインにしていて、娘たちの歌や、若い男の漫談も披露された。チェチェンには集団で踊る風習はないので、順番に男女が一組づつ踊る。このダンスは男女が離れて踊るもので、触れ合ってはいけない。

若い男は、この踊りの一挙手一投足で、品位と教養を示さなければならない。間違って娘に触れたりしようものなら、娘の保護者と剣を交える羽目になったぐらいだ。

夜会では、男たちが部屋の片側に、娘たちは反対側に固まってすわり、それぞれの幹事を選ぶ。そして男はこの幹事に向かって大きな声で、踊りたい娘の名を伝える。

もちろん、時として一人の娘に指名が集中してしまうこともある。その場合、娘はすべての求愛を受け入れるという返事をすることになっている。

夜会の前半が終わる時、男の側の幹事が娘たちに質問し、自分を求めた若者と、この夕べ限りの約束をしたか、それとも、もっと大きな約束をしたかを尋ねる。娘はこのときに相手を選び、選ばれなかった者は帰り、会は残った者だけで続く。

少し違うルールの土地もある。例えばアルグン（首都グローズヌイから東に十五キロほどのところにある）の村では、若者が選んだ娘と、その娘にあてた言葉は、幹事と娘の二人しか知らされない。だから夜会から「余計者」が去るしきたりもない。

もし娘が、誰かの求愛を受け入れると約束したのに、ほかの者を優先したり、目配せをしたら問題になる。求愛中の若者がそれに気付いたなら、幹事の同意を得て、これを彼女の罪とする権利がある。ほとんどの場合、娘を非難するのは、彼女の血縁者か、恋に思いつめた若者である。

そんなきわどいことになっても、あくまで娘に対しては礼儀作法を守り、恥をかかせてはならない。娘が不当な非難だと感じたら、異議申し立てもできる。

❁夜会の詩

夜会での会話は、寓意《ぐうい》の込められた遠まわしなもので、言外の意味を伝えるために花や樹木、鳥や虫などの動物が引き合いにされる。その優雅なやりとりの例として、若い男と娘が互いに歌う詩がある。ここでは若者が見た夢の謎を語り、娘がそれを解いてみせる。

[男] 私が起き上がると　舞上がり
歩いていると　ついてくる
いくら追い払っても　去ろうとしない
そんなたくさんの蝶を　私は夢にみた

[娘] あなたの夢に現われ
追い払おうとした蝶――
それは心にひそむ　私とあなたの愛なのよ

[男] 夕暮れに私が家に帰り

光を投げかけているランプを消したとき
あたりの壁を照らす輝きを　私は夢にみた

［娘］あなたの夢に現われ
あなたの家の壁を照らした輝き――
それはあなたのことを思うときの
私の目に宿る光なのよ

［男］深い夜のとばりが下りて
眠りが訪れたとき
青い空に舞いあがる
白い鳩の姿を　私は夢にみた

［娘］あなたの夢にあらわれ
青い空に舞いあがった鳩――
それは天地創造のときに祝福され
あなたを好きになったこの私なのよ

このやりとりに変化をつけて、娘は相手への好意があるかないかを、もう一つのバリエーションに託すことができた。

［男］あのね
愛する人よ
今朝　自分がみた夢を
あなたに話して聞かせたい
あなたの家で
私は老人たちを見かけた

娘がその男を好きなら、こう答える。

それはよい前ぶれよ
私に求婚する人が現われるのだわ

逆に、娘がこの若者と交際したくない場合、こう答える。

それは悪い前ぶれよ
私の死を予言しているのだわ

さらにこんな問答に――

［男］あなたの家で
私は若者をみかけた

［娘］それはよい前ぶれよ
結婚式を挙げるのだわ（好意的な返事）

［娘］それは悪い前ぶれよ
私の死を予言しているのだわ（好意がない返事）

［男］あなたの家で
いくつもの鍋が煮えていた

［娘］それはよい前ぶれよ
祝宴が開かれるのだわ（好意的な返事）

［娘］それは悪い前ぶれよ
私の葬式をしているのだわ（好意がない返事）

［男］客室では白布を
切り分けていた

［娘］それはよい前ぶれよ
私の婚礼衣裳を縫うのだわ（好意的な返事）

［娘］それは悪い前ぶれよ
私の死装束の用意をしているのだわ（好意がない返事）

例えば、結婚式の催しの一つとして開かれる夜会では、向かい合う男と娘たちの列はかなり離れているので、声ではなく、視線と身振りで話し合う。まさに「心の対話」だ。

こういう会は、ほかの夜会よりも賑わうので、幹事にも二人の補佐役がつき、司会が立ち、なかなかのおおごとになる。

結婚式の夜会では、司会が要《かなめ》になる。彼は若者たちのダンスの順番を決め、全員が踊れるように精一杯の采配を振るう。また司会は「これは誰の娘さんだね？　後見人は？」などという質問にも、本人の代わりに答えてやらなければならない。

主賓の真向かいにしつらえたテーブルには、祝賀の料理や、酔いのこない飲み物が並べられ、幹事はそこに腰掛けて会を取り仕切り、仮装をした補佐役に指示を出しては使い走りをさせる。

ダンスの合間ごとに、幹事は娘たちに大皿を送り渡す。これを受け取った娘は、それを自分に求愛している男の前にもっていき、寄付を求める。このお金は、この日結婚した新しい家庭に手渡されるものだ。

もし男が寄付を拒めば、愉快な仮装をした補佐役が、会場の真ん中に場所を作って「墓」に見立て、大声で人びとに宣言をする。――実は、この若者は急に欲深くなり、気に入った娘に贈り物さえしなくなった。だから彼を「埋葬」するのだ、と。

仮装した補佐役たちは余興に、踊っている人を面白おかしく真似たり、声を張り上げて歌をうたい、冗談を振りまいたりして、集まった人たちを楽しませただけでなく、番兵のように新家庭を邪《よこしま》なものから守る役目も負っていた。

❁見合いと花嫁の身元調査

最初の出会いは夜会であっても、約束の贈り物を手渡して結婚の決意を伝えるのは、やはり泉のほとりか、見合いの席だった。

チェチェン流のデートでは、恋人たちは隣人か血縁者の家で会う。男子は一人で来ても仲間と来てもよかったが、娘には必ず女性が付き添う。若い人たちは二人きりになってはいけなかったのだ。

見合いの様子は、サイド・バドゥエフがこう描写している。

農場の小さな家で、ハジジャトという娘との見合いがあった。二人は作り付けの板寝床の両はじにすわり、彼は足を組み、訥々《とつとつ》と会話を続けながら、自分がとても愉快であるように見せようとして、ゆっくりと紙巻煙草を吸っていた。

二人の間には、十歳くらいの小さな女の子が、置物のように座っていた。この子は大人たちの会話にはまったく興味がないので、そのうちに居眠りをはじめた。

ハジジャトは、ふっくらした柔らかい手で、子どもに触れては目をさまさせるのだった。

チェチェンの家庭では、若者はある程度自由だったが、結婚に関しては例外で、何事も両親や血縁の者の意見が強かった。

結婚に先立って、まず娘の両親とその血筋が調べられた。こういう格言が伝わっている。「娘には【ツ】（燕麦粉）を、息子には【ヒウ】（種）を探せ」――婿を迎えるなら財産のある男子がよく、嫁を娶《めと》るなら尊敬を受けている家族の娘を選べという意味だ。

そこで、花嫁候補の母親は特に注目された。

ある娘が求愛されていた。だが求愛する若者の家族は、娘の母親がよくない人だから、娘もきっと母親に似ると言って、結婚に同意しなかった。だが息子がどうしてもそれを聞き入れないので、両親は彼にある助言をした。

若者は助言に従って、泉のほとりで会う時、乗ってきた馬を木に登らせようとして、それっ、と声をかけて疾走させた。

「何をしているの?」――びっくりして娘が訊《き》いた。

「この馬を木に登らせようとしているのさ」と若者は答えた。

「まあ、何を言っているの、馬が木に登れると思っているの?」――娘はますます驚いた。

そこで若者は「こいつの母馬はそれをやってのけたのだよ」と説明した。すると娘は納得して言った。「母馬が木に登れたのなら、この馬もできるでしょうね」

そこで若者は両親の言ったことは正しいと理解した。

「求婚は、昼でも灯《あかり》をつけてしなければならない」と、チェチェンの格言は慎重さを求めている。だから結婚しようとしている若者の女性の親族たちは、娘のことをよく知ろうとして、その隣人や近親者を訪問したものだった。

こんな言い伝えがある。

ある若者が求婚している娘を調べるために出かけた親族たちは、その娘の隣人に頼んで「ご馳走を作るのに足りないから、練り粉を少し分けて欲しい」と言ってもらった。返事はこういうものだった。「私は今料理をしているので、ちょうど必要なだけの粉しかありません。でも、あなたが必要なのであれば、今すぐ新しい練り粉を作りましょう」

それを聞いた親族は、この娘はよい主婦になるだろうと口々に褒めたのだった。

❁駆け落ち

花嫁を連れて来る方法は二つある。一つは正式に話し合いをして、求婚する若者の家族が、娘を親元から連れて来る方法だ。この場合は事前に決めた結納金が支払われる。

もう一つの方法は、娘が家族に何も話さずに家を出て、迎えの者とともに求婚者の所へ行く。この場合は、娘が逃げ出したものとみなされる。こういうことは、娘の家族の誰かが結婚に反対しているときに起こる。二人の間で求婚がすでに成立していて、急いで決着をつけなければならない事情がある時、若者と娘はこの非常手段に訴える。

この方法を取ると、その後の花嫁と生家との関係は損なわれ、場合によっては両親が娘の里帰りを拒否する事もある。

どうしてこういう結婚が生まれるかを考えてみると、やはり時代の状況を思わずにはいられない。絶え間なく続く戦争の中で、私たちは余裕を失い、結納金を作れないことも増えてきた。だから、とにかく一緒になることが優先されたのである。

もちろん、一番大切なのは娘が同意していることだから、こういう結婚はそうでなければ成功しない。「娘の値打ちは娘が決める」という諺《ことわざ》もある。どんな結婚であれ、最終的に親が娘に同意するのは、娘自身が結果に責任を負うのを認める事でもある。

❁略奪結婚の問題

求婚者が、娘の同意もなしに彼女を無理やり連れていくということもある。だがこれは一部の者たちが主張しているようなチェチェンの民族的伝統や慣習ではなく、れっきとした犯罪である。仲介者が入ってすぐに双方を和解させなければ、この種の「求婚」はしばしば流血に終わった。

ある聖職者に「あなたは何のために武器を持ち歩いているのですかと訊《たず》ねた」
すると聖職者は答えた。「目的はただひとつ、無理に娘を連れ去ろうとする者を目撃してしまった時に、それをやめさせるためだ」と。

このように、娘の誘拐は重い犯罪だが、一部では、ずっと昔の異教時代から続いているようだ。

結婚式

伝統的な婚礼の祝宴は、事前に約束した結納金と贈り物を新婦の親族のもとに持参して、彼女を生家から連れ出すことからはじまる。

ある地方のしきたりでは、新婦が、親族か友人の家で一週間を過ごすこともある。これは一種の花嫁学校なので、新郎の親族からも認められた家に泊まった。

そしていよいよ結婚式となると、踊りあり、料理ありの宴が三昼夜にわたって続くのである。

婚礼に立ち並ぶ人びとの大きな輪は
みるみるうちに増えていく
大気をふるわせるように　手を叩き
みんなが　ヒオルス！（伝統的な掛け声）　と叫ぶ

ワシのつばさのような

黒いマントに風をはらませ
男たちは馬を繋いで
一人　また一人　降り立つ

東の空に日輪が
山の頂に触れながらかかっている
天も裂けよと　手を叩き
婚礼を盛り上げて　ヒオルス！　と叫ぶ

つばさのような白いドレスの袖を
さっと振る娘たち
短い上衣の若者はコマのように舞い
男は乙女に心を奪われている

ヒオルス！　の叫びと共に
若者はコマよりも早く舞う
ドレスの袖を整えながら

若者に敬意を示して　娘たちは立ち上がる
霧の上に輝く銀色の星を焦がしながら
ヒオルス！　ヒオルス！　の叫びと共に
日輪は見ている、そして
この婚礼の大きな輪は縮まっていく

息子の誕生や婚礼のとき――
われらの父親たちは何と男らしかったことか！
われらはチェチェン人　立派な若者たち！
そう言いながら　祝宴を催していたのだ

詩人のムスベク・キビエフは、そんな風に結婚式を描写した。

❁「舌を解く」――嫁入りの儀式

婚礼の祝宴のとき、新婦は室内に吊るされた、【キルハ】という白く透けた仕切り布の向こう側に座る。部屋には新郎の血縁のうち、若い人たちが集まってきて新婦に冗談を浴びせかけるが、これには何も言葉を返してはならない。「舌を解く」までの間、新婦は沈黙を守るきまりである。

そして婚礼のときに、新郎の家族が、新婦に水を持って来るよう頼み、それが運ばれてくると、今度は飲む許可を求める。新婦がよいと言うと、家族は感謝の言葉を述べて、贈り物のお金を手渡し、新生活の幸せを願う。これが「舌を解く」儀式である（この儀式は数日たってから、年長の親族を前にもう一度繰り返される）。

舌を解いたあとは、新郎の血縁者の女性が「舌が甘く（幸せに）なる」ようにと、新婦の口に砂糖またはキャンディのかけらを入れてやる。

また、新婦の前に小さな絨毯を敷いて、箒を投げ出す。新婦はこの絨毯を持ち上げ、箒を家のドアの外に立てかける。こうすることによって、彼女は家事の義務を知っていることを告げる。次に、多くの子どもをもつように願って、少年が新婦のそばに腰かける。

泉のほとりでの交際や、舌を解く儀式などでは「水」というモチーフがひんぱんに姿を見せる。これには、飲み水も人びとの交際も、清潔で澄んでいなければという意味が込められている。

また、新婦が沈黙を守るのは、彼女が新しい家庭に入るにあたって、自分の父親の家での習慣から言い回しまですべてを放棄して、夫の家のしきたりを受け入れる覚悟を示していると、学者のザリーナ・アリエヴァは解釈している。これは「希望の言葉」と呼ばれる、長老たちの口上でもわかる。

すでに生きた者（＝姑《しゅうとめ》）よ

生きるためにやってきた者（＝新婦）を受け入れなさい
生きるためにやってきた者よ
すでに生きた者たち（＝夫の血縁者たち）を受け入れなさい
新婦が祝福されますように！
みんなが祝福されますように！
新たに来た者にとって
暮らしが粉のように白くありますように！
新たに来た者にとって
暮らしが砂糖のように甘くありますように！

この希望の言葉は、新婦と姑が仲よく暮らせるように願うものだ。また別の一節では、新婦に向けた言葉もある。

あなたとともに
豊かさと　たくさんのよいことがもたらされますように
もめごとを家の外に持ち出したり　家に持ち込まないように
いつまでも　よその太陽を見ている人に　なりませんように

いつまでも　足元のごみの中に針を探しているような人に　なりませんように
乳のない雌牛の乳を搾る人に　なりませんように
葉の生い茂る枝のように　実を結ぶ人になりますように

結婚式が終って二日目に、新婦と新郎は、姉妹や、村の娘たちと一緒に、村の泉へ行く。そこで、糸を通した針を刺したパンの一切れを水の中に投げ入れ、パンに向かって銃を撃つ。

この儀式の意味は、妻の義務がまず食事の準備と家事であり、それを象徴する水、パン、裁縫道具に向けて小銃を発射することで、悪霊を追い払うということだろう。また、同じ目的で、新婦を生家から婚家に連れて来る時は、たえず銃を空に向けて撃ち続ける。

泉での儀式のあと、ようやく夫の父親を含めた年長の近親者の列が、新婦の舌を解くためにやってくる。この日が、新郎の父と新婦がはじめて言葉を交わす日となり、新郎の父は若い夫婦に雌牛、家といった贈り物をする。

結婚後の生活の中で、嫁は夫の父母などの近親者の名前を声に出してはならないことになっている。だから、嫁は義理の両親に話しかけるとき「お父さん」「ママ」と呼び、そのほかの親族には、前向きな呼び名をつける。例えば「素敵な若者」「立派な若者」など。この慣習もまた、家族を悪霊から守りたいという願いに関係があるようだ。

夫と妻が本来の名前で呼び合わないこともある。夫は妻に「これ」「女」「おい」「もしもし」などと呼び、妻の方は「うちの人」「これ」「この男」と呼ぶ。

夫が妻にユーモラスな名前をつけることもある。これについて、作家のムサ・ベクスルタノフは短編小説で「人びとは彼女をマッカと呼ぶが、私は気分次第で『みなしごサリー』、『うちのパトウ』、『警察署長』と呼んでいる」と書いている。

❁分家と親孝行

ふつうは結婚式の二カ月後から一年後の間に、新婚夫婦は両親の家庭から分家する。そのときから、新家庭は自分たちの家計を立て、家畜を育て、別の畑をもつ。新旧家族の摩擦を避けるためである。

だが、両親に対する息子の義務が解かれたという意味ではない。それどころか、両親が満足して暮らせるように、今まで以上に気をつけなければならない。一緒に暮らしていた時は分からなかった見落としが、明らかになってくるからである。

親孝行というのはとても難しいことなので、これをやりとげた者は特に尊敬される。

こんな話がある。親を満足させた人に、どうすれば父親が気に入るようにできたのかと聞いてみたところ「必ず父が食べ終わったあとで食べ、父が寝入ったあとで床につき、父の前では妻と話をしない」と答えたというのだ。

けれども、こういうチェチェン人像は比較的最近のもので、時代を遡れば、まったく違う姿もあった。それについての、とても珍しい伝説が残っている。

昔、老いて干からび、子どものように小さくなった両親を編み篭に入れて、山の頂上に運んで、そこに残してくる風習があった。両親を老人ホームに預けるという、今どきの傾向にも似ているかもしれない。


ある時、若者が父親を山の頂上に運んで行った。頂上にたどり着いた時、父親が言った。

「この篭は捨てずに取っておけ。お前の番が来た時に、また入用になるのだからな」

若者はこれを聞いて考え込んでしまった。

それから彼は父親と一緒に家に帰り、こっそりと、しかし何不自由ないように、父の面倒を見ていた。

しばらくしたある日、村の長《おさ》が村人たちに非常に難しい謎をかけ、それは誰にも解けなかった。だがその翌日、あの若者が正しい答えを出した。どうして解けたのか、と長が問いただすと、若者は正直に、山頂から連れ戻した父親に教わったと認めた。そのとき村の長は、年と共に蓄えられる経験と知恵がどれほど役に立つかを悟り、これ以降、老人を捨てる風習はなくなったのだった。

❁新婦の実家への訪問

新婦にとって、はじめて夫の親族と会う日が試練であるように、新婦の生家への訪問も試練だ。この時、新郎は一人か二人の友人をともない、贈り物の砂糖、茶、雄羊を連れて、義理の父親の家を訪ね、居合せた子どもたちに小遣いをやる。

そして新郎は隣室に案内され、妻の姉妹と同じテーブルにつく。そこで振舞われる食事で少し腹ごしらえをして、新郎は盆の上にお金を置く。この金額は懐具合によって決まるが、額が多いほど姉妹の印象がよいのは言うまでもない。

ここで妻の姉妹たちは、新郎に贈り物をする。金時計、衣服などだ。また、新郎の友たちにも簡単な贈り物が手渡される。

新郎とその友人たちは、その夜には帰宅するが、新婦は数日間居残ってから、嫁入り道具と、親戚からの贈り物をたずさえて、夫の許に帰る。

さて、ここからはかつての悪習の記録として書くのだが、新婦の家族は、迎え入れた新郎を戸口に立たせて、からかいの言葉を浴びせかけ、新郎はじっと我慢するものだった。

この時、新郎と一緒に来た友人は、一足先にテーブルについて、その面白おかしいからかいと冗談の非難から彼を弁護する。その攻防がしばらく続いてから、ようやく食事となった。

新婦の家への訪問はとても重要な行事で、今後の親戚づきあいがこの日にかかっているといっても過言ではない。そう考えると、新郎に向けられるこの無作法は、チェチェンの文化に反するものである。

実際、こうした不適切な冗談が、悪い結果を呼んでしまった事件は数え切れない。例えばあるとき、新婦の姉妹たちが、新郎がテーブルにつくときに、こっそり椅子に鶏の卵を置いた。これに激昂した新郎は、その場で、集まった人たちの面前で「礼儀作法をわきまえない家庭の娘がよい妻になる筈がない」と言い捨てて離婚したことさえある。

さすがに今どき、ここまでエスカレートする事はあり得ないと思うが、ソビエト時代には、これに劣らず悪い風習が生まれた。それは、新郎がウオッカかブランデーなどの酒をケースで持参して、集まった者たちで飲み干すというものである。

これはコーランによってはっきり禁じられた罪である。神の使徒は、酒を飲む者だけでなく、それを商う者もまた呪わしい、と言われたのだから。

❁両親への尊敬

チェチェンでは、父はすなわち天であり、母は大地である。

おとうさん　あなたは私たちの天！
あなたは慈悲深い雨
世界の中心！　家族の背骨！
私たちは　あなたがいなくては生きられない！

必要があれば　あなたは雨を降らせ
必要があれば　あなたは太陽のように照らす
あなたと一緒であれば　あらゆる困難に耐えられる
あなたがいないことは　大きな不幸だ

ここで詩人のアフマド・スレイマノフが言う「雨」や「太陽」とは、父が家庭を導くために与える教訓や罰であり、それによって家族がどんな困難にも耐え、多くの不幸を免れるようになると表現している。

私たちの民族の感じ方では、家族は家の形と結びついている。家の屋根——それは父親であり、床は母親である。昔、チェチェンの家の床は粘土でできていて、その表面に漆喰を塗った。人びとはその床が、家族すべての罪、災難、不幸を吸い込むものと信じていた。

だから、チェチェン人は言う。父親が死ぬと屋根が崩れ、母親が死ぬと子どもたちの心から花が散る。これは、両親の死の時、子どもたちの快活さが失われることを意味する。そして母親の喜びと幸せ——それは彼女の子どもたちである。アフマド・スレイマノフは次のように書いている。

尊敬するおかあさん！
子どもたちの　過ちのために

あなたは涙にくれて　やせ細っていった！
私たち子どもが　あなたを早く老けさせてしまう
あなたの若さを保つのは――この私たちだというのに！

イスラム教は両親を尊敬するよう、はっきりと命じている。コーランには次のように書かれている。私の行いを実行せよ、預言者の行いを実行せよ、そして自分の両親の行いを実行せよ、と。両親への尊敬は自分の意思ではなく、神が課した義務なのである。

預言者マホメッドはある説教で、子どもは母親に対して優しくなければならないことを二度強調し「母親の足元には天国がある」と語った。これはチェチェン人の思いそのものだ。「もしお前が尊敬に値しない者になるなら、私の乳がお前の災いになるがいい」という叱り言葉は、息子にとってもっとも恐ろしいものだった。

母親だけでなく、親族も尊敬の対象だ。「母の親族と妻の親族を尊敬しない者は男でない」と、格言は言う。これを守って親族たちと良好な関係を保った者は、いつも民衆のなかで尊敬をうけた。ムサ・ベクスルタノフは短編小説のなかでこう語っている。

ある時、墓地のそばを通りかかると、同行していたムルタズが馬を降りた。かなりの距離を歩いてから、彼がまた馬にまたがったとき、私はなぜそうしたのかを尋ねた。

「それはね、私の妻の母親のハジジャトが、一年前にこの墓地に埋葬されたんだ。それで、尊敬の念から馬を降りたのだよ」とムルタズは、深い物思いに沈んで言った。

❁家族の諍い

両親の諍《いさか》いは、その子どもたちの明るい世界を、あたかも夕闇で包むようである。いざこざが絶えない家庭について、チェチェンの詩は次のように語っている。

われら若者は　不幸な墓に横たわるな――
不幸な墓　それは家の中を汚くしている主婦
われら若者は　勝ち目のない戦いに出るな――
それは　和合のない家庭

この詩は仲のよくない家庭を戦争に例えるだけでなく、それを「勝ち目のない戦い」と呼んでいる。そして人は「最も苦しい戦いは、家で起こる」と言う。

それでも慣習は、つまらない理由で妻と離婚することを認めていなかった。さしたる根拠もなく離婚が行われたら、妻の両親は元の夫に対して、しかるべき尊敬を払っていないという理由で、莫大な請求をする権利が生まれた。

イスラム教でも、離婚の理由を厳密に制限している。夫婦のお互いの尊敬が完全に失われた場合にしか、離婚は許されない。

離婚の最大の不幸は、いつでも子どもたちが蒙《こうむ》る。彼らの心は父と母の二つに引き裂かれる。その子たちの多くは、父からも、母からも充分な愛情を受けられない。

家族は家の形をしているというたとえを続けるなら、その家の年長者は屋根を支えている柱でもある。もし父親が死ねば、家族を養う義務は息子が担う。

どんな場合でも、人が大人になるにつれて家族の面倒を見なくなるなどということはありえない。チェチェン人は、いつも誰かの面倒を見なければならない義務がある。その基本は、年上の者が年下の者の世話を焼くことである。

第V章
自然と人びとの労働、祖国への愛

◎人は自然といかにつきあうのか

私たちをとりまいている自然への態度は、どうあるべきだろう。人は、人と自然の両方を尊敬して、思いやりをもたなければならないから、チェチェンの道徳は、野生動物や家畜、草原、森林、水とのつきあい方も教えている。

まず、家畜の世話をきちんとしなければならない。飢えさせず、野獣から守り、よい場所で飼育し、病気になれば治療する、そんな心配りが大切である。

また、家畜への態度にはその人の人となりが表れる。こんな民話がある。

貴族たちが、ある高名な公爵を訪ねた。彼らはその人の偉業を聞いてはいたが、会うのははじめてだった。

公爵の領地に着いて、彼らは牧夫に出くわした。その牧夫は、生まれたばかりの子羊に母乳を吸わせるため、親羊に慣れさせようとしていて、手が放せなかった。客人たちは挨拶をしてから、公爵が在宅かどうか訊ねた。

「ええ、どうぞお入りになってください、すぐ来ますから」——そう言って、牧夫は客人たちを家に向かわせた。

貴族たちが待っていると、羊の世話を済ませた牧夫が家の中に入ってきた。実はこの人が公爵だったのだ。そうと知った客人たちは、野良仕事や服装が、公爵にはふさわしくないと思い、そうそうに帰り道についた。

ところが彼らは途中で賊に襲われ、武器も馬も奪われてしまった。真夜中になって、貴族たちはほうほうのていで、公爵の家に引き返した。

公爵は客人たちから事情を聞き、宿泊の手配を済ませると、みずから賊を追いに出て行き、馬と武器を取り戻した。これを知って客人たちは、しきりにお礼の言葉を述べた。主人は彼らにこう答えた。

「私は自分の飼っている生き物に対しては召使であり、人間に対しては公爵なのです」と。


人は動物に対して慈悲深くなければならない。チェチェンでは、たまたま屋敷の中に入り込んだ動物を叩いて追い払おうとすれば「どうして物言わぬ動物を打ったりするのか?」と、顰蹙《ひんしゅく》をかう。

また家畜への綿密な世話は、客への心配りよりも大切だ。チェチェンでは、人間でも、動物でも、自分より弱いものはつねに保護の対象であり、弱いものを助ける心構えこそが、もっとも高く評価される。さらにどんな貴族であろうと、家畜の世話を恥ずかしがる必要はない。それどころか、尊敬すべき仕事だ。

そして貴族の名誉とは、いばって雑役を人任せにする事ではなく、困っている人を助けようとする心構えにこそある。「人間に対しては公爵」という言葉は、そう教えているのだ。

❁チェチェン人と生き物の関係

■馬

チェチェンの聖人君子がもっとも気をつけて飼った家畜は、馬であった。献身的な馬は、主人が困難に陥ればいつでも助けてくれる。だから人は騎馬に、対等の友人のような態度で接した。例えば、叙事詩【イルリ】にある『寡婦の息子とマンツェ公爵』では、ある馬が人語を解するようになり、主人が裏切りに遭って危機に陥ったとき、まっしぐらに駆け出して助けた。

そうした民話の中では、馬は心清らかで、腹のすわった動物として扱われる。だからチェチェン人は、馬が死んでしまうと、まるで友人を失ったように深く心を痛めたものだ。サイド・バドゥエフの書いた中編小説の主人公は、母親と恋人が一度に死ぬという不幸に見舞われる。しかもそんなとき愛馬の死も重なり、彼は精神に異常をきたしてしまうのである。

チェチェン語には、馬の状態を示す言葉がたくさんある。「馬」という名詞以外に、子馬、乗り馴らされていない馬、騎馬、駄馬、老馬など、多数の別名があるのだ。

人の乗る騎馬の世話は、きわめて入念に行われる。例えば、特別の飼料として、焼いたトウモロコシや煮立てたキビ、カラスムギを与え、温水を飲ませ、水浴びもさせた。

その一方で「馬と女は信じるな」という言い回しもある。これは、過剰に何かを愛すると判断力が鈍るから、気をつけた方がいいという意味である。

■ロバと牛

ロバは山岳部では大切な家畜である。それなのに決まって笑い話の引き合いに出されるお茶目な動物でもある。例えば「ロバが『ロバ（あほう）』と言われて崖から転げ落ちた」とか「ロバと長いこと一緒にいると、牛もロバの声で鳴いてしまう」とか「ロバは藪の中が大好きだ」というのがある。この最後の言葉を、詩人のアフマド・スレイマノフは「山の湧き水」という詩のなかで、引用している。

馬に乗って出かけると
戦場だとか　宴会などに着くけれど
ロバに乗って出かけると
なぜだか　藪のなかに入ってしまう

牛は、財産であり、貨幣の役目を果たした。例えば、人命の価値は六三頭から七〇頭の雌牛と定められていたし、妻が夫に敬意を示さず、勝手に生家に戻ったら、その償いは八頭の雌牛と決まっていた。一人の客に敬意を表すためには雄羊を屠《ほふ》り、客が大勢なら仔牛も屠った。

■猫

家庭では、猫を大切にした。今でも、眠っている猫を起こすのは、あまり褒められたことではない。こんな意味深な民話もある。

猫の住む家があった。ある時、猫は子猫たちに「もうすぐ、この家の羊が死ぬから、好きなだけ肉が食べられるのよ」と言った。

主人は猫の言葉がわかったので、その羊が死ぬ前に売ってしまった。懐具合がさびしかったのである。

しばらくして、またこの猫が子猫たちに「もうすぐ、この家の雌牛が死ぬから、好きなだけ肉が食べられるのよ」と言った。主人はすぐさま、雌牛も市場に引いて行った。

そしてまた主人は「もうすぐ、ここの主人の馬が死んで――」という猫の話を立ち聞きしてしまった。彼は馬も売ることにした。

だがそのあとで、主人の耳には「もうすぐ、ここの主人が死ぬから、お葬式で好きなだけ肉が食べられるのよ」という猫の話が入ってきたのだった。

神の裁きとなれば、手の打ちようは何もない。猫の言うとおり、まもなくこの主人は亡くなり、魂はあの世へ行った。

この物語の意味を考えてみると、まず、家畜を犠牲にすることで、家族の死を先延ばしにできる場合もある。また、猫の面倒はよくみないと、家のなかに不幸を招き寄せるということだ。もちろん、人間の貪欲はいい結果をもたらさないという意味も込められているだろう。

さて、言い伝えの中では、猫はよいものとされることもあれば、魔女の象徴とみなす迷信もあってさまざまだ。そんな風に、動物たちの生態には、たくさんの意味が託されてきた。例えば村の中で、梟《ふくろう》の鳴き声か犬の吠える声が聞こえると、これは誰かの死を意味する。動物の振る舞いは、忍び寄る不幸や、あるいは成功のきざしとして解釈されるのだ。

ちなみに、ハリネズミは頭がよいと考えられ、コエゾイタチも尊敬されていた。どちらも、人間の家に無病息災と豊かさをもたらすという理由で。

■犬と鶏

人の身近にいて、仕事を手伝ってくれる動物は、チェチェンの民話では人間の友として描かれている。たいてい動物たちは、主人に忍び寄る不幸を警告するために騒ぎを引き起こす。例えば「ボカの息子、ツハシのイルリ」という物語では、山から戻ってきた犬が、屋敷の中で吠えはじめる。主人が食物を与えようとしても、

ミルクを飲まず
山に向って吠えている
羊の肉を与えても食べない
山に向って吠えている――

犬は、吠えることによって、やがて来る不幸を伝えようとしていたのだ。

チェチェン人は鶏《にわとり》たちのそぶりにも意味を見ていた。「雄鶏《おんどり》が鳴き立てたら家に帰って客を待て」という諺《ことわざ》がある。「雌鶏《めんどり》が雄鶏のように大声で鳴いたら不幸がある」とも言う。ちなみに、そんな雌鶏がいたら屠って内臓を取り出し、胴体を三度、家の屋根越しに投げる。これは不幸を追い払うと同時に、雌鶏が自然の理に逆らったことに対する罰でもある。

■狼

チェチェン人は野生動物に親しみを感じてきたが、なかでも特に尊敬されてきたのは、狼である。チェチェン語には「狼のように勇敢」とか「狼のように機敏」とか「狼のように怒り狂う」という表現がたくさんある。男性を褒めるときに「この若者は本物の狼だ」とも言う。（現在のチェチェンでも、狼は勇気のシンボルであり、独立派の旗にも現れる。）

狼にかかわる迷信もいろいろある。

例えば、瀕死の重傷を負いながら、まだ生きている狼から切り取った尻尾には、人を惚れさせる特別な力があり、それで好きな女性に触れると、たちまちのうちに彼女は、愛をもって報いてくれるというものだ。

また、恋人たちの間を、こっそりと狼の踵《かかと》の骨を持って通り過ぎると、二人は喧嘩別れをする。狼の血管を焼くと、盗人は顔をしかめるという迷信もある。

チェチェン人は狼を「神の触れ役」と呼んでいる。狼は家畜や野生動物を餌食にするのだが、実は人びとの知らないところで正義の秤《はかり》の釣り合いを保っているという。

狼は、異教の時代からとても大事にされていた。「プロメテウス」という雑誌の一九九一年の第一号に、地上の生きとし生ける物の最後の日である審判の日に、狼が登場する物語が掲載されていた。


世界に終わりが来るまでの四十日間は、夜も昼も、絶え間なく雨が降り続く。嵐のような風と雨は、地表を掌《てのひら》のように平らにしてしまうだろう。

そのとき風に逆らって立ち続ける者は、逞《たくま》しい狼しかいない。

狼は、神の嵐をまともに受けても身じろぎひとつしないが、その毛皮は鼻面から胸まで裂け、風は毛皮を尻尾の先まで剥ぎ取ってしまうだろう。狼は自分の強靭さに驚きながら、神に向かって、こう誓う。

「偉大なる神よ、あなたが私をかくも不屈で勇敢にお造りになった事を知ってさえいたら、私はこの世界の生き物を、なに一つ生かしておかなかったでしょう」

その言葉を聞いたあと、神はその魂を召された。

狼は、チェチェン民族の勇気と不屈を象徴している。この獣《けもの》は、常に危険をかえりみず戦い、たとえ勝利が遠くとも諦めず、決死で敵を仕留める。そして何より重要なのは、狼が人に馴れず、自由を愛することだ。

■鹿

チェチェン人が尊敬するもう一つの獣は、鹿である。最近は森でも鹿をあまり見かけなくなったが、昔はたくさんいた。次の叙事詩は、鹿を孤独な若者にたとえている。

氷よりも冷たい山の泉でも
渇《かつ》えた五臓六腑《ごぞうろっぷ》を存分に癒《いや》そうとせず
密林のはずれに生えている青草の芽でも
胃袋を満たそうとしない

森の中の草地を　狼のような駿足で横切り
深い峡谷を下《くだ》り　耳をそばだてて
追いかける狩人の銃を警戒し
花崗岩《かこうがん》の岩壁で角を研ぎ
橅《ぶな》の根に　まだら模様の前脚をぶつけ
両耳を前にそばだて　角を仰向けに傾《かし》げ
呼びかけるように鳴きながら　雌に惹かれ
雌をもたない駿足の鹿は進む
若者たちよ　われわれの願いだけが叶わないという事があろうか

ここでいう鹿は、まだ家族をもたない孤独な聖人君子のことであり、その人が飲食をするときの抑制された態度や、憂愁、明晰な思考について語ろうとしているのである。

■鳥類とりわけ燕

チェチェン人にとっては、鳥も思い入れのある生き物で、しばしば子どもの名前にもなる。鷹

【レチャ】鷲　【アルズ】大鷹　【クイラ】鳩　【コカ】鳶　【マッカール】孔雀　【タウス】空を飛ぶ鳥　【アルフズール】など。とりわけチェチェン人が尊敬したのは燕《つばめ》である。

なぜ燕が人の家に巣を作るかについての、面白い物語も残されている。

神の起こした洪水のとき、預言者ノアは獣、鳥、昆虫を一つがいづつ、方舟《はこぶね》に乗せて救った。しかし世界に満ちた水の上を進むうちに、方舟にも水が漏り、舟は沈んでしまうかと思われた。人も獣も船底に開いた穴のまわりを右往左往していたとき、蛇《へび》がこう言った。

「もし俺に、一番うまい生き物の血を飲ませてくれるなら、この穴を俺の体でふさいでもいい」と言った。みんながそれに同意したので、蛇は穴に体を押し込んで水漏れを防ぎ、やがて方舟は無事に陸地を見つけ出すことができた。

陸地を目にした蛇は、どの動物の血が一番うまいかを知りたくて、スズメバチに調べに行かせた。しばらくしてスズメバチが舟に帰ってきたので、それを燕が出迎えて質問した。

「一番血のうまい動物は何だった?」

スズメバチは答えた。「人の血」と。

それを聞いた燕は「お前の舌を見せてみろ」と言った。ハチがその通りにすると、燕はその舌をついばみ、飲み込んでしまった。それからというもの、スズメバチは言葉を失い、羽根をぶんぶんいわせるだけになった。もちろん、蛇に事の次第を話すこともできない。

そして燕は蛇に近づき「ハチに聞いたんだが、最高にうまいのはカエルの血らしいぞ」と嘘をついた。

そこで蛇はカエルの血を味わってみたものの、気に入らなかった。騙されたことに気がついて、蛇は腹を立てて燕に噛み付こうとした。燕はとっさに飛び立って助かったが、尾羽根を食いちぎられてしまった。だから、燕の尾は今もふたつに分かれている。

蛇はこう言い放った。「これからはお前の雛を食べて、一羽も育たないようにしてやる」と。

燕は「そうはさせないぞ。それなら私はお前の来られない人間の家の軒先に巣を造ることにする」と答えた。

私たちの感覚では、野生動物は敵のように感じられることもあれば、友人のように親しみの湧くものでもある。それがよくわかる物語だ。

❁昆虫の扱い――勤勉なアリやミツバチの話

自然に対する慈悲は、昆虫にも及んでいる。民話の中には、ミツバチやアリを取り上げた物語、言い回しがたくさんある。

例えば、勤勉な人は「ミツバチのように働く」と形容される。一方、怠け者は「蜜を食べるばっかりのミツバチ」だとか「巣で怠けているミツバチ」と言われる。

アリを取り上げた物語も多いのだが、それはアリに勤勉さ、勇気、忍耐力があり、そして頭が鋭いとみなされているからだ。

「この体が耐えきれるものなら、全世界をひきずって運ぶのだがなあ」と、アリが言ったという話もある。こんなふうに、アリの勤勉さと、その体に似合わない強い力を表現したのである。

また、アリの質素さ、あるいは粗食ぶりを伝える物語もある。

ある人がアリに向って「お前さんは一年にどれだけの麦を食べるのかね?」と訊ねた。「一粒もあれば充分だね」とアリが答えた。この人はその言葉が信じられなかったので、アリを小さな箱に入れて、麦を一粒、投げ入れた。

一年後に箱を開けてみたら、アリはまだ麦を半分残していた。驚いた彼にアリはこう言ってのけた。「あんたが一年後に私を思い出すとは思えなかったんだ。だから節約していたのさ」

「アリ塚を壊すと雨が来る」という。アリ塚は、たいていは干草を刈り取るときに、いくらか壊れるものだった。言い回しのとおり雨が降ると、干草は濡れて無駄になってしまうから、人びとは気をつけて刈り取りをした。結果として、その迷信がアリの住みかを保護していたのだった。

また、テントウムシも大事にされた。「テントウムシを手に止まらせて、また飛ばすと、飛んでいった方の村から花嫁が来る」という諺もある。そこで、ある詩人はこう詠んだ。

草むらのテントウムシを指に止まらせて
花嫁はどこから来るかと占えば
君の住む土地に飛び去った時　心が揺さぶられる
片思いの寂しさを味わうために
私は生まれてきたのだろうか

神がお造りになった生き物は、小さい者も、大きい者も、みなが居場所をもっている。そしていずれは自分の進む道をもち、誰に知られずとも価値をもつ。家畜や野生動物、そして昆虫に対するチェチェン人の態度は、こういう考え方によるものだ。生き物のすべてを知るものは、神以外にいない。だから、教養ある信心深い人は、その生き物たちに関心をもたずにはいられないのだ。

❁狩猟のルール

チェチェン人は昔から野生動物の狩りをしていた。その狩猟のルールを記しておこう。例えば、子孫を残そうとしている動物たちや、動物が子を育てている時は、狩りをしてはならなかった。草を食んでいる動物を獲ってもいけなかった。それは、神がお与えになった食物を、動物が受け取っている場面だったからだ。それに、草を食んでいる動物は注意力が緩んでいる。そんなときに襲いかかるのは卑怯である。

食べる分以上に狩ったり、種を絶ってしまうような乱獲は許されない。気晴らしのために動物を殺すなど、論外だ。

「わけもなく動物を殺す人間には『動物の支配者』がその仕返しをする」ともいう。

チェチェンにはもう一つ、動物を絶滅させないための慣習がある。それは、三百頭の動物を殺した狩人は、鉄砲の銃床（銃身を装着する木製の部分）を焼き捨てなければならないというものである。つまり狩人を廃業しなければならないのだ。これを守らなかった狩人が、動物の支配者に仕返しされ、不慮の死をとげたこともあるという。

ほかにも、毛皮に独特な特徴のある動物を殺してはならなかった。何か同類にない特徴をもつものは、特別な使命を帯びていると、信じられていたからだ。

❁樹木や植物を守る

森や草原、山地や河に対しても、尊敬の気持ちを失ってはいけない。

私たちの祖先は「森には『森の支配者』がいる」と言って、森を荒らすことを禁じた。森に害を与えれば、支配者がその仕返しをするというのである。

木こりは、樹木たちに斧を見咎《とが》められないように、布切れに巻いて運んだ。木を切り倒す前には

「寛大で慈悲深いアラーの御名において」という文句を唱え、さらに「偉大なる神よ、これを罪とみなされませんように」と付け加えた。この文句は、雌牛などの家畜を屠殺する前にも唱える。

果物の実る木、例えば林檎、西洋梨、西洋山茱萸《さんしゅゆ》（サクランボに似た実がなる高木）、マルメロ（中央アジア原産の高木）などは、薪《まき》などのために切ってはならなかった。誰かがそんなことをすれば「誰それは梨の木を竈《かまど》に入れた」などという噂が飛んで不名誉だった。梨の木を切った者には、呪いの塚が築かれてしまったくらいである。

とりわけ大切にされていたのは山査子《さんざし》である。山査子の種を二粒、体にとりいれてから死んだ人は祝福を受けるとも言う。また、山査子の細枝からは箒を編むことができる。山査子の木は役に立ったので、けっして粗末にしてはならなかった。七竈《ななかまど》も、果実をもたらすので大事にされた。果実は実らなくても、例えば、下野《しもつけ》（緻密な木質をもつ低木）があれば幸運がもたらされると考えた。だから、旅行用の長い杖は下野で作られていた。死者を埋葬する棺には樫《かし》の板。香りのいい薄荷《はっか》などの草も、珍重されていた。

❁水源の保護

泉や湖は水源なので、清潔さが何より大事にされたのは言うまでもない。

それぞれの村には、水源のまわりに柵を作り、樋《とい》や水路を作るといった采配を、見返りを求めずにする人たちがいた。だから泉はたいてい、その采配人の名前をとって、エダルの泉、ガマの泉、などと呼ばれていた。

湧き水のほとりはいつも清潔に保たねばならず、汚れ物を洗うことは禁じられていた。チェチェンには、これに関するたくさんの古い伝説がある。


オーゼルメィと呼ばれる小さな村のそばに湖があった。ここの水はとても清らかで、薬効もあるとされていた。しかしある時、村の女が子どもの汚れ物を洗濯してしまった。すると湖は雄牛に姿を変えて、ガランチョジという土地に向かって歩き去った。

湖だった雄牛が、開墾途中の田畑にたどり着いたところを、ある家族が見付けた。その家の両親は、くたびれた自分の牛の代わりに、その雄牛を働かせようと考えた。

二人の子どもたちが、この雄牛はほかの人の物だからと言って反対したのだが、かまわず父親は牛に犂《すき》を繋いだ。だが耕しはじめると、雄牛が歩いた跡には土の中から水が滲《し》み出して来るのだった。

三本目の犂路《すきみち》を進みはじめた時、とうとう雄牛は水に戻った。父親と母親は犂もろとも水中に消え、子どもたちは水の外に投げ出されてしまった。

このときできた湖は今もあり、ガランチョジ湖と呼ばれている。

短いながらも、深い意味が込められている。一つには、水を汚してはならないこと。そして、他人の持ち物を使ってはならないこと。それには神が罰を与える。
よく似た物語が、ニハロイ村にもある。

村を流れる渓流で、ある女が汚れ物を洗ったので、川は流れの向きを変え、山の向こうに去ってしまった。その女は石になってしまい、今もこの場所に立っている。

ほかにも含蓄のある物語がいくつもある。例えば、山岳地のハチャロイ村のさらに上にある湖を見ることができるのは善良な人だけであり、悪人がそばに来ると、湖は姿を消すという。

異教時代（チェチェンにイスラム教が伝来する前の時期）にも、チェチェン人は山や湖、森の中の草地などを敬い、それらにさまざまなことを誓う習わしをもっていた。こうした物語は、そんな太古の頃から語り継がれて来ている。

❁大地への尊敬

世界の土台である大地も、尊敬すべき対象だった。だから、たいした理由もなく地面をほじくり返したり、杭を打ち込んだり、穴を掘ることは許されなかった。教養ある人は、大地に痛みを与えないように、足取りを軽く歩かなければならなかった。心の中では「いずれ、私もあなたの懐に戻らねばならない」と語りかけながら。

もちろん、その大地の上で精一杯働くことが、なによりの尊敬の表現だった。大昔、種まきの季節が来ると、そのたびに大地は人間に向って呼びかけていた。ところが、その声があまりにも大きかったので、人びとは恐ろしくなった。そこで神は、大地から声を取り上げたという。

土地に種をまかなかったり、畑の草取りをしないで放っておくことは、恥であり罪深いことだった。そんな土地には、雑草を杭にぶらさげた【ロラール】という名のカカシが立てられ、その土地の持ち主はメッカへ巡礼（イスラム教徒の義務とされている）をする権利をもたないと言われていた。

学者のサイド・マゴメド・ハシエフが語るところでは、昔、彼の曽祖父は巡礼に行こうとしたのだが、種がまかれていない土地があることを村人たちに指摘されて、七回も巡礼を阻まれたという。ようやく八年目になってその土地の問題を解決し、礼拝に旅立つ事ができたそうである。

❁犂路の日

チェチェンには、大地で額に汗して働くことの意義を人びとに教えようとする行事があった。その一つが「犂路《すきみち》の日」だ。これは冬が終わる三月二十三日から数えて二週間後に行われた。これからの収穫はこの催しによって決まると考えられていたので、念入りに準備されたものだった。最初に犂を引く雄牛たちには腹一杯食べさせ、温水で体を洗ってやり、角《つの》には油を塗り、犂の手入れも怠らなかった。

いよいよその日が来れば、雨であろうと寒かろうと、天候に関わらず犂路の行事がはじめられた。

雄牛につけた犂具《すきぐ》の後からついて行く「犂役《すきやく》」は、教養をもち、高潔に暮らす者の中から、村民みんなに選ばれた。犂役は、これからの収穫と家族の無病息災のため、雄牛を屠殺して生贄《いけにえ》にささげた。

土を犂起こす前に、犂役は種をまく。その種を運んで手渡すのは、これもまた村人たちの役に立っているとして選ばれた女である。その条件は、大家族の母親で、聖人君子の妻で、円熟した家庭の主婦であることだった。

彼女は両手で種をすくい取り、種粒に手の温もりを伝えた。つぎに神の御名を唱えて豊作を願ってから、犂役に手渡す。これを受け取った犂役は、神の御名を唱えながら種をまく。そうしてから、雄牛を動かして犂を引かせはじめる。

この日、犂役はわざと毛皮の外套を裏返しにして着た。そうすれば、まかれた種が、まるで外套の裏地の起毛のように密に芽吹き、よい収穫になると考えられていたからだ。

雄牛が畑を二度巡ったら、犂き起こされた土に牛乳を三度流した。牛乳は、村の家畜のうちから、乳のよく出る雌牛を選んで、その場で搾ったものである。犂路に牛乳を流すのは、大地に肥沃さを与え、豊かな収穫が得られるようにという願いからだった。

犂路の日には、競走や跳躍などのさまざまな競技も行われた。

例えば、盆ほどもある大きな丸いパンを焼き、犂を引いた雄牛の角にぶら下げて走らせる。若者たちは裸足で牛を追い、競ってパンをむしり取る。このパンが家族に無病息災と豊かさをもたらし、水に溶かせば薬にもなると考えられたので、パンのかけらは、犂路の日から一年間大事に取っておかれた。いくつかに切って、贈り物にされることもあった。

犂路の日には、もう一つ人びとをびっくりさせるような風習があった。それは、育ちの良さと美しさで村人に認められている娘が、一緒になりたい若者を指名するのである。若者が同意すれば、その日のうちに新家庭が誕生した。

もし若者が断るなら、彼は人びとが犂路の行事から帰って来るまでに、その娘の家の木戸に、一頭の雄牛を繋いで差し出さなければならなかった。これは娘に対する不敬の償いである。

❁共同作業

もう一つ「共同作業」という行事がある。これは若者の勤労精神を養い、村人たちの骨の折れる仕事を助けるためのものだ。共同作業の日、若い人びとは集まって、トウモロコシの穂の軸をはぎ、羊毛を洗い、草を刈り、新しい家屋の壁に土を塗ったり、いろいろな仕事をした。援農のための共同作業だったが、仕事をより早く、楽しくするために、小休止を作り、ダンスや歌を取り入れていた（そうなると、共同作業を口実にした、若者のレクレーションという場合もでてくるのだが）。

さて、本来の共同作業の時は、何日か前から準備をする。例えば、家屋の壁塗りをするときは、前もって土を運び、食材を集め、アコーディオンとドラムの奏者を手配する。

共同作業がはじまると、大人の女が娘たちを、大人の男が若者たちの仕事を仕切る。この二人は、予定の仕事をやりとげる役目があるので、若者たちが余興にばかり夢中にならないよう指導した。つらい力仕事、例えば粘土を容器に集めて運ぶのは、すべて若者が受けもつ。娘たちは粘土の塊を手から手に渡して壁に塗る。いざ仕事がはじまれば、若者たちはなるべく気に入った娘のそばに行き、自分の手際のよさを見せたり、彼女の手助けをしながら会話や冗談をかわし合った。けれども、娘たちの仕事の流れが滞ったりすると、例の大人が細枝かイラクサで軽く叩いてせき立てることになっていた。

これは余談だが、娘たちは壁塗りの仕事にはなかなか取りかからない。「最初に壁塗りをはじめた娘は、口うるさい姑《しゅうとめ》に巡り会う」という迷信があったからだ。

詩人のシャイヒ・アルサヌカエフは、共同作業の詩を書いている。

お隣さんの屋敷でやっているのは　遊びではなくて
共同作業だ　壁塗りだ
村中仲よく　一軒の屋敷に集まって
冗談を交わしながら　一緒に働き　踊っている
ドラムが轟き　アコーディオンの演奏がはじまれば
つらい仕事も　苦にならない

娘たちは水を注いで　粘土をこねる
若者たちは競って　地面を掘っている

今日はこの家の壁を塗る
難儀な仕事も　苦にならない
山の人たちは　いつもそうやって生きてきた
それぞれが好きな扉を開くんだ

朝からこの屋敷でやっているのは　遊びではなくて
壁塗りの共同作業だ
秋だけれども　屋根もなく
村人たちは共同作業に集まった！

こうして一日が終ると、その家の主人が、集まった人びとに感謝の言葉を述べた。

「皆さんは、今日大変な仕事をされました。神があなた方の労働を、善行としてお認めになりますように！」

作業に参加した者たちは答えて、「この家に神が豊かさと幸せとをお与えになりますように！　神がすべての者を祝福されますように！」と言った。こうして、楽しい共同作業の一日が終わる。

❁祖国への愛

今までこの章では、家畜や野生動物、樹木、草、泉、湖への尊敬と、労働について述べてきた。実は、このテーマには「祖国愛」というものが深く関わっていることを説明しておきたい。

チェチェン人は、どこに住んでいようとも、故郷《ふるさと》に埋葬されたいという、強い願いをもっている。だから私たちは、例えば同じチェチェン人が死んだ時に居合わせたら、知らない人であっても、その人の骸《むくろ》を、生まれた土地に運ぼうとする。これは祖先の土地に対する尊敬や愛があるからだ。

では祖国とは何か――それは山、泉、土地といった、形のあるものだけではない。祖国とは、チェチェンの地に住む人びとの高潔な人間関係や、古くからの伝統、老人たちの智恵、献身的に神を信じる人びとを照らす至福の光、若者たちの勇気、娘たちの躾《しつけ》の良さ、人びとが貫こうとする正義、つまりこうした価値観そのものが「祖国」なのである。

このような慣習と、人びとが存在すること自体が、チェチェンの大地を、チェチェン人にとってかけがえのないものにしている。

だが、これらを大事にしなければ、祖国や故郷への愛は弱まり、残るのは悲しみと嘆きばかりだ。かつてそんな時代もあった。

例えば、コーカサス戦争（一七八五～一八六一年の間続いた、ロシアとコーカサス山岳民の戦争）が終わり、チェチェンがロシア皇帝の支配下に置かれた頃だ。この時、多くの人びとが遠い国々に移住せざるをえず、人びとは祖国に対する愛と郷愁を募らせた。

同じようなことは、カザフスタンやキルギスへの強制移住の時代（一九四四年〜一九五六年の間続いた、スターリンによるチェチェン、イングーシ民族の強制移住の時期）にもあった。人びとは死ぬ間際に、せめて一杯でもいいから、祖国の泉の水を飲みたい、あの高い雪嶺《せつれい》を一目でいいから見たい、どうしても生まれた村の墓地に葬られたい、などと切なく願った。

その後、帰還の時代が来た時、人びとは父や母の最期の望みを叶えようと、故郷の土に亡骸を委ねるために、骨を携《たずさ》えて帰ってきた。

詩人たちは、さまざまな言葉を連ねて、祖国への愛を詠っている。

わが祖国　あなたがかつて自分たちの文字をもたず
暗黒のうちに生きていた　そんなことを言うのは誰だ?
あなたの　石の両肩に刻まれた戦いの痕跡が
わが祖先の身に降り掛かった事の　すべてを語っている（マゴメット・ママカエフ）

密林の銀色の樹冠におおわれ
いく筋もの　輝く泉の流れに縁取られた

私の心の愛しき祖国　広大な天地
心に誇りをもつ者にとって　あなたより大事な物があろうか？（アルビ・ママカエフ）

それは私が子どもの時
別れたあなたのような
それは子どもの私が
後にしてきたあなたのような
そのようなあなたが
私の心に残る面影だ
それは連綿と
夢に見たあなたのようでもある（アブザル・アイダミロフ）

祖国への愛を　示す機会
友よ　それを与えてくれ
いかに祖国のために生き
そして死ぬべきか　私は　君たちに示そう（アフマド・スレイマノフ）

わが父祖の地
私の幸せな祖国
あなたと別れては　希望を失っては
生きられないと知った（マゴメド・ジカエフ）

作家たちはこうして、機会さえあれば、祖国のために命を捧げる覚悟があると書いたものだった。ただ、ここで指摘しておきたいこともある。作家の中には、祖国と、祖国への愛を、すべての上位に置くという誤りを犯した人たちもいたことだ。これはおそらく、無神論の共産主義に長く支配された結果だろう。

それにしても大きな誤りだ。神よりも上には何もないのだから。私たちはひたすら、神に奉仕しなければならない――そこに人の生活の意味があり、もっとも名誉な義務がある。祖国や民族への愛は、その次に必要なことだ。

第Ⅵ章
チェチェンの民主主義とイスラムの受容

今まで述べてきた文化や道徳は、その時代の政治や、生活条件、人びとの信仰の程度によって変わっていくものでもある。

今までチェチェン人自身によって書かれた歴史書は数少ないので（チェチェン語には独自の文字がないことが大きな理由）、帝政ロシアに併合される前の様子を、正確に知るのはむずかしい。

十八世紀ごろのチェチェンでは、人びとの伝統的な暮らしの上に、ユニークで民主的な国家が築かれていた。もちろん、今でいう「民主主義」と同じではないのだが、ここでは私たちの祖先の作り上げた国について語ろう。

そのころ、チェチェンにも政府に似たものはあったが、今のように政治家や公務員を専業としている者はいなかった。つまり、人びとのために働くことは、そもそも棒給をもらうような仕事ではなかったのだ。

この統治の基礎には、氏族【テイプ】制度（アラビア語での「ターイファ＝共同体・社会集団」という語からきていると言われる）があった。これは、それぞれの氏族の中で身寄りのない者や、障害をもつ者の世話を引き受けて保護しながら、伝統を守る共同体だった。

こう説明すると、マルクス主義では「未発達な社会の特徴である」などと断じるところだが、氏族制度があるから社会が遅れているとか、あるいは先進的だと言っても意味がない。

近隣に住む諸民族が、血縁や地縁をもとにした社会を放棄して、財産によって階級に分かれていくのを見てきたチェチェン人たちは、疑問をもたずにはいられなかった。そんなものが尺度になるなら、社会的地位や、人間同士の尊敬は、その人のもつ財産の多い、少ないで決まってしまう。それなら、本人や、その七代の祖先が、名誉のために人びとの役に立とうとしたことや、教養を蓄えてきたことは、一体何のためだったのか？

❁質素を尊ぶ人びと

そういう価値観があったから、チェチェンでは、富を蓄えた者が貴族になり、もたざる者が搾取されるような社会にはならなかった。そんなやり方をチェチェンに押しつけようとする動きもあったが、チェチェンを支配しようとして来た者たちは、十五世紀には撃退され、そのあとはチェチェン人自身が支配者となった。

それ以来、富の蓄積は尊敬されなくなった。暮らしには、最低限の物があればいいとチェチェン人が考えるようになって以来、食べ物・衣服・住居はどれも質素で、贅沢品など何もなかった。物だけでなく、言葉遣いさえも簡潔さが尊ばれた。

かつて人びとが山岳に石を積んで築いた塔（山岳の要所に築かれたもので、住居、倉庫、砦として用いられた。現在でも保存されているものがある）には装飾がほとんどなく、ただ本来の機能だけを追求していた。つまり、客人を分宿させ、食糧を蓄え、敵が近づけない場所に、包囲に耐えるように築かれたのだ。

チェチェン人の食事については、十九世紀にロシアの学者A・P・ベルジェが次のように記録している。

チェチェン人は贅沢な食事を求めない。小麦粉で作ったパン、黍《きび》のスープ、焼肉、トウモロコシの粥――これが彼らの食事である。

そこまで禁欲的になったのはなぜだろうか。それは、彼らが最も大切にしていた「自由」を守るためには精神的に強くなければならず、あるいは外敵から民族を守りぬかなければならず、蓄財に費やすような時間がなかったということかもしれない。

そんな精神を背景にして、余剰物の没収という風習もあった。

財産がある限度より多くなってしまった者は、一定の財産を供出してから、村を立ち退いた。その財産は貧しい人びとのために使われることになっていた。もしこの決まりに従わない時は騒ぎとなり、その者の死によって贖《あがな》われることさえあった。

❁全国会議と国家

氏族や村同士の関係をはじめとして、民族全体の利害にかかわる問題を解決するために「全国会議【メフク・クヘダ】」という制度があった。この会議は九九名または百八名の終身議員――それぞれの氏族から選ばれた代表たちで構成されていた。また、村ごとに九人の議員からなる会議が置かれていた。全国会議と各村落の間には、触れ役【テゥルフ】が、連絡のために行き交っていた。全国会議の議員は、聖人君子であり、七代前までの祖先に一つも欠点がない人が選ばれた。民話に、議員の選挙の様子が残されている。

ある時長老たちが、欠員になった議員の後任にふさわしい人を探して、人びとの評判になっている人の家を訪ねた。ところが、その人は村はずれの放牧地へ出かけていた。そこで、長老たちは放牧地に向かった。その人は馬を呼び寄せようとしているところだった。その様子を長老たちが観察していると、その人は上着の裾を少し持ち上げ、その中に何か入っているかのような素振りをして見せている。

馬はこれを見て、主人が餌をくれると思って近づいたのだが、その人はさっと裾を下ろし、馬のたてがみをつかんだ。

長老たちはこれを見て、すぐにもと来た道を引き返すことにした。動物を欺《あざむ》いたのを見て、幻滅したのである。

全国会議の決議は、全員一致制だった。話し合いをまとめて決議にこぎつけるために、議員たちは協議にそれなりの時間を費やした。

ここで決められていたのは、法律や、戦争や、罪人の追放、呪いの塚を建てるか否かといった事柄だった。さらに、氏族や村などの各勢力の間の紛争を解決したり、新しい慣習の取り扱い、外国の貴族を招いたり、逆に追放を決めることも、全国会議の役割だった。

もし誰かが過失で人を死なせてしまったら、全国会議は仲介者を任命して、調停をさせた。それでも和解が成立しなければ、被害者の親族は「血の復讐」の権利にもとづいて、加害者を追及することができた。

その頃は、大きな紛争や、流血沙汰が続けざまに起こらない限り、政治や考え方の違いによる対立など起こらなかった。そういう諍《いさか》いは、野蛮な事だと思われていたのである。

かつて、チェチェンの指導者は国の父【メフカダ】と呼ばれた。そして、国の武装組織である民族義勇軍（成人男子には兵役が義務づけられていた）の指揮官を戦いの父【ティエマダ】と呼ぶ。この指導者たちを選び出すのも全国会議の役目だった。ベイブラート・タイミエフのように、国の父と戦いの父を兼務する者もいた。

ちなみに著者の調べでは、今のチェチェンには八四の氏族があり、そのうちの六八氏族は、山岳地帯を一族の故郷（今は無人化した村落が、一族の故郷として記憶されている場合もあるので、必ずしも居住しているわけではない）としている。

チェチェン人と、タメルラン（〝びっこ〟）のティムールやクリミアのハーン・トクタミシュとの戦いのように、チェチェンの土地を奪い取ろうとして襲撃してきた敵に対して、全国会議はそのつど抵抗を組織してきた。

全国会議は目に見える支配力をもつのではなく、氏族と村と個人との利害のバランスを見極めながら、問題の解決にあたる政治の場だった。

◎雇われ貴族

それでもやはり、行政をつかさどるための人間は必要になることがある。そこで、管理的な仕事は、カバルダ人やクムイク人などの近隣民族の貴族を招いて、全国会議が任務を委ねた。その雇われ貴族たちが、チェチェン人やロシア人などの間に入って仲介者になることもあった。その報酬として穀物などの租税が支払われ、土地を分与した。雇われ貴族がみなの不満を買えば追放の憂き目に会い、謀反を企てれば殺害された。それついては、こんな顛末《てんまつ》が伝わっている。

チェチェン人が貴族に穀物を渡す時、計量升《ます》がいくらか大きい物にすり替えられているのに気がついた。チェチェン人たちはこれに激怒して、その場で升を打ち砕いた。貴族は民衆が抗議に立ち上がって、侮辱を受けるのを恐れて、すぐに側近たちと逃亡した。

チェチェン人が貴族を招いたのは行政を遂行してもらうためなので、その仕事ぶりが不満ならば職を解いたのである。

けれども、貴族の中には、傭兵と富の力をたのみ、チェチェンを支配しようとする者も出た（『テレク川沿いの貴族ムソストとアーダの息子スルホについての詩』のなかで語られている)。最初は自分の傭兵を使って、そしてしだいにロシア皇帝の支援を受けるようになることもあったが、その都度チェチェン人は立ち上がって駆逐《くちく》した。

その貴族の追放で終わることもあれば、逆にチェチェン人が敗れることもあった。それでもチェチェン人たちは屈服して支配下に入るのを望まず、しばらくの間、平野部を去って山岳地帯に戻り、機会をうかがって再び土地を奪い返すのだった。

❁異教からイスラム教へ

チェチェンがイスラム教を受け入れたのは、十七世紀ごろとされている(これは、その頃の墓碑にあるアラビア文字の日付にもとづいている)。

その受容には時間がかかった。はじめのうちは、イスラム教と、古い異教やキリスト教の伝統が共存していた。一番早かったのは、チェチェンとダゲスタン(チェチェンの東隣の国)の国境に住んでいた氏族で、ついでアルグン川沿いに住んでいた諸氏族の間でイスラム教が定着したのは十九世紀前後のこと。地方によっては、異教とかかわりのある風習が、強制移住時代(一九四四年~一九五六年)まで残っていたようである。雑誌「プヒアルマ」の一九九一年第一号から引用してみる。

山岳地方に「ザイトの墓」と呼ばれる地下墓所があった。二十世紀に入ってからも、村人たちはときどきザイトの遺骸を納骨所から運び出し、壁際に安置して、雨乞いをした。驚くべきことに、死体は腐食しておらず、保存状態はとてもよかったので、人びとはこれこそ神の象徴だと信じ、墓所を崇拝した。病人たちはこの安置所にやって来て、病の平癒を祈ったものだった。

ほかにも、異教の名残を感じさせる物語がいろいろある。例えば、主人公が外国へ行き、そこの羊や馬の群れをチェチェンまで追い込んで、孤児や寡婦、貧乏人に分け与えたという叙事詩がいくつもある。そのうちの一つにはこうある。

　敵は旅する者の行く手を阻み、激しい切り合いで男は敗れた。瀕死の深傷《ふかで》に思わず天を仰いだその時、頭のすぐ上を飛ぶ鳥がある。男は最後の声を振り絞り「ああ、空の鳥。もしも故郷の村を飛ぶならば、私はここで敵に倒されて、非業の死を遂げたと伝えておくれ」と呼びかけたのだった。

この物語の作者や、当時の聞き手にとって、この話の主人公は正しい行動を取ったと思われていたろう。しかし今の私たちには、にわかに頷《うなず》けないところだ。他人の財産を横領するのは、罪なのだから。

好意的に解釈してみると、男が奪おうとしたのは、民衆を抑圧してきた金持ちの家畜で、家畜が放されていたのは、人びとから取り上げた土地だったのかも知れない。しかしそれでも、不正にはかわりないだろう。

古い異教の考え方の中には、この種の物語が成立する余地があるようだ。どんなやり方をしても、よそ者に打ち勝つこと。そういう考え方でいくと、人は自分の民族、氏族、村の中で正義を守っていればよく、よその土地では正義に従う必要はないことになる。それればかりか、略奪の戦いで死ぬのは名誉なことになった。

平地に住む人が、用があって山に旅してきた。夜になり、平地の人は山の住人の家に宿を乞うて一夜を過ごした。

彼が食事をとったあとで休息していると、家の主人は「あんたの親父さんは存命かね?」と訊《たず》ねた。

平地の人は「どうぞ、あんたがいつも自由でありますように――」と、前置きの挨拶を口にしてから答えた。「父は死にましたよ」と。

それを聞いて、主人はまた訊ねた。「どんな風に亡くなったのかね?」

「病気を患《わずら》ってね、床《とこ》の上で死にましたが」と、平地の人は答えた。

そう聞くと主人は「じゃあ、お祖父《じい》さんはどうして亡くなったのかね？」と訊ねた。
「祖父さんも病気で」と平地の人は答えた。曽祖父も同じだった。
そこで主人は、客に皮肉を言った。
「決して床に入ったりしちゃいけないよ――あんたもそんな風に死にたくなけりゃ」

現代の読者には、しつこく問い質《ただ》す主人の意図や、最後のくだりの意味はわかりにくいのも否《いな》めない。だが、昔の異教の考え方では、男子が戦場での一騎打ちで果てることが最高の名誉だったために、こういう話が残っているのだろう。

つまり、この家の主人は、若くして名誉の死を遂げた自分の祖先を誇りに思うあまり、たまたまやってきた平地の客の祖先がどのような尊敬と栄誉を受けているか知りたくなって、質問ぜめにしたのだ。

だから、客の三代前までの祖先が一人も「正しい死に方」をしていないと知って、冗談めかしながらも不満を表明したのだった。イスラム教では、特に戦死ばかりを名誉とはみなすわけではない。主人はそれ以前の考え方に囚われていたのである。

どうやら十八世紀ごろのチェチェンは、さまざまな考え方の混交する土地だったらしい。イスラム教はまず東部（ダゲスタン方面）からやってきて、土着の異教やキリスト教に取って代わりながら、最初は平地の人びとを変えていき、そのあとで山岳に広まって行ったと思われる。

イスラム教の受容が一斉ではなかったということは、かえって民族文化の研究はしやすいのかも知れない。イスラム教を受け入れなかった一部のチェチェン人の慣習を見れば、それ以前にどんな慣習があったかを推察できるからだ。

例えば最後にイスラム教を受容した、グルジアに住むチェチェン人。彼らの信仰は、一八五〇年代になってもはっきりしていなかった。ある者は自分をキリスト教徒と考え、ある者はイスラム教徒と考えており、しかも両方とも、さらに古い異教の慣習に従っていたくらいだ。

例えば、チェチェン人にとって酒を飲むのは罪深い事だが、グルジアに住んでいたチェチェン人の間では、婚礼や葬式で「乾杯【ハネハ】」という合図とともに酒を飲み干す習慣が最近まであった。ここで引用するのは、チェチェンの詩人であるスレイマン・グマシビリが書き残した、ある葬式の乾杯の例で、「オルガ」という雑誌の一九九三年第一号に掲載されたものだ。

これは神の裁きであります。耐えなければなりません。悲しんでも何になりましょう。この杯《さかずき》を、わが村の墓地に横たわる人たちのため飲み干したい。私たちの祖先は、今日、墓に来た新参者を、家族の一員として迎えました。どうか、彼らの魂が許されますように。神が慈悲深くありますように。神が彼らを天国で蘇らせますように。

私たちが今日送り出したあの若者が、そこで宴会の幹事【タマダー】になりますように！

アーメン！

これも歴史の中で文化が変化してきた証なのだ。

❁ウシェルマ――闇に戦いを挑んだ若者

全国会議の指導があったからとはいえ、いつでも秩序が守られていたとは言いがたい。ときには危機もあった。例えば、十八世紀後半のことである。この時期は帝政ロシアの干渉も絶えなかったし、外国の貴族の勝手な振舞いも多くて、摩擦が絶えなかった。

チェチェン人は戦って支配権を取り戻したのだが、その後の混乱につけこんで盛んになったのが、道を踏みはずしたチェチェン人たちの組んだ徒党だった。

ある者は、嘘と偽りの道に入り、富裕な者に対しても、貧乏人に対しても、略奪と盗みを働いた。彼らはたがいに邪《よこし》まな誓いを交わして、悪事から足を洗えないようにした。例えば「われは誓う、スンジャ川のどこにも、鳥に投げる小石ひとつ残さない事を。アルグンの谷間で雄牛をかりたてる細枝一本として残さない事を」などという荒唐無稽なものだ（水底の浅いスンジャ川は、いたるところ砂利におおわれており、アルグン峡谷には森林が密生している）。

当時、日ごとに増えていったその一味によって、チェチェン人たちは屈従を強いられた。民話類に残っているお決まりのフレーズに「お助けを！　一味が来る！」というものがある。村を襲撃しようとしている者たちを見ると、人びとはそう叫んだというのだ。

これらの徒党は、行く手にある物を何もかも壊しては、竜巻のように通り過ぎた。財産を奪い、人びとを誘拐し、奴隷として売買しさえした。

この災厄の原因は、チェチェンを外国の貴族たちが管理した時代に、全国会議の力と倫理の基盤が弱まったためである。

この悪に立ち向かったのが、アルドゥイ村出身のウシュルマ（一七六〇〜九七年）であった。彼は民族の心に、イスラムの教えを力強く復活させた。

ウシェルマは、人びとの前に現れる以前に、コーランとハディースの研究に励んでおり、チェチェンの最初の高徳の神学者【アブリヤ】の一人であった。

ウシュルマによれば、夢にマホメッド自身が現れ、人びとに真の信仰を広めるよう命じたのだという。今も、彼のはじめての演説の内容が残されている。


皆の者、われわれに目が与えられたのは見るためであり、耳が与えられたのは聞くためだ。舌は話すために、手はものに触れるために、足は歩むために与えられた。

この黒い土は、種を蒔いて作物を手に入れるために与えられたのだし、天空は、神が雨や雪の恵みを降らせるために作られた。太陽は、その熱ですべての物を蘇らせるためにあり、星は、闇にわれわれが圧倒されてしまわないように、月は、高邁な人の心の清らかな光を反射させるためにある。

すべてはアラーがお与えになったのだ。

ところがどうだ。われわれはこの恩を忘れ、弱い者や貧しい者を虐げ、神の裁きの日を恐れることもなく暮らしているではないか。


という風に、このところ跳梁《ちょうりょう》する徒党についての批判を開始する。先に進もう。


貧しい者から家畜を盗む罪深い者たちは、神の裁きの席に召され、おのおのの罪を測るために秤《はかり》が持ち出される時、どう言い訳するつもりなのか？　何かよい事を、この秤の皿にのせられるのか？

年老いた両親を放ったらかしにしたお前たち――裁きの日には、両親を敬《うやま》わなかった者は天国に入れない事を知っているか。あの世では教養と倫理が何よりも大切にされるのを、お前たちは知らないのか？

一度も施し物をせず、金曜の礼拝前夜の荘厳さを知らないお前たち――剣の刃よりも鋭いシラート（天国）への橋を、どのようにして渡るつもりか？　誰かに助けて貰ってだと？お前たちが今日にも敬虔《けいけん》の道を歩みはじめなければ、助かりはしないだろう。

今日ここで、この広場で、われわれみんなが、悪行を終わらせなければならない。盗みや、誘拐を止めるべきだ。そして互いに許し合い「血の復讐」をやめ、すべての争いを和解によって終らせよう！

　もしそれができなければ、前代未聞の不幸が降りかかるだろう。今日の不正のために、明日は次の世代が不幸に見舞われる。その時になっては、もう取り返しがつかないのだ――。


　最後のくだりは、人が行ったどんな善も悪も七世代の子孫におよぶという、チェチェンの考え方そのものだ。

　その後、ウシュルマは近隣の諸民族に手紙を送り、この演説と同じようなメッセージを伝えようとした。やがてウシュルマは戦士たちを指揮するようになるが、どの手紙にも、戦争に参加すべきだというような呼びかけはなく、ただイスラム教にしたがって自分たちの生活を築くよう、人びとに求めている。ウシュルマは、人びとの心に届く言葉で語ることのできる雄弁家だった。

　しかも、彼は未来を予知する力を与えられていたようにさえ思える。例えば、ウシェルマが地震を予知したという伝承が残っているし、湧水の出ることを予告したとも言われている。この泉は今もアルドゥイ村のそばにある。

　ともあれ、ウシュルマが説得を繰り返した結果、人びとはすすんで服従の誓いをし、犯罪・窃盗・暴飲から解放されたのである。

　ウシュルマはチェチェン人たちが忘れかけていた慣習から、罪人に対する呪いの塚と、公衆の面前での呪いと追放を復活した。人びとは落し物を見付ければ大声で言い、持ち主が現れなければ道ばたに吊るしたが、それを横取りする者はいなくなるくらいだった。

チェチェン以外でも、ウシェルマへの尊敬が広まった。ただ彼の話を聞くために、黒海とカスピ海の二つの海にはさまれたコーカサス中の人びとが、チェチェンにやって来たくらいだった。

ロシア皇帝はこれに不安をおぼえて、ピエリ大佐を指揮官とする軍隊をアルドゥイ村に派遣した。一七八五年七月五日のことだった。しかし彼らはチェチェン人の返り討ちにあって敗北した。この日、戦場は倒れた兵士たちの軍帽で覆われたと言われている。

この勝利のあと、ウシュルマへの人びとの信頼はさらに強まった。彼の軍刀は一振りすると長くなったとか、彼の一撃は一度に十人を倒し、軍刀が地面にふれると、土が陥没したなどという噂が民衆の間に広まるほどだった。

皮肉なことに、勝利が人びとに興奮をもたらしたために、ウシュルマは不本意にも、人びとをイスラム教へ導くという本来の道からそれて、戦いの道へと進まなければならなくなった。民衆は戦いを続けるようウシュルマに訴えたのだ。

戦果は華々しかったが、それよりも重要なのは、ウシェルマがチェチェン民族の啓発に尽くし、多くの人に影響を与えたことだ。今もウシェルマの名は、チェチェン史の中で燦然《さんぜん》と輝いている。

❁シャミーリ――異質の指導者

イマーム・シャミーリ（一七九七年～一八七一年、十九世紀の帝政ロシアへの抵抗運動の代表的な指導者。チェチェン東隣のダゲスタン出身。イマームとは「神の代理人たる宗教指導者」のことで、シャミーリで三代目にあたる）の時代になって、チェチェンの民族文化は大きく変化した。シャミーリが、政治・軍事にまたがる権力を確立しようとしたことに関係がある。

シャミーリは、これまでの全国会議――チェチェン民族の誰もが政治に関わるシステム――による指導を廃し、一人の人間がほかの人びとを支配するシステムを作ろうとしたので、摩擦も避けられなかった。

何人《なんぴと》にも従属せず、陽気な歌や踊りを好み、何よりも自由を大事にするチェチェン人にとって、シャミーリのやり方を受け入れるのは、ひと苦労だったのである。

例えば、チェチェン人は客人を大切にし、手厚くもてなす風習がある。その一方で、客となった人にも、いくつかの義務が課せられていた。何より、客はもてなしてくれた家の娘に求婚してはならなかった。だがイスラムの教えでは、別にそうしたからといって問題はない。

それでシャミーリは、ある家に客として訪問したとき、その家の娘と結婚させてくれるように、家の主人に要求した。アブザル・アイダミロフは中編小説『シャミーリの冒険』の中で、主人の気持ちをこう描写している。

主人の頭はがんがん鳴りはじめた。短剣を抜く手をこらえるのに、忍耐しなければならなかった。彼はこう考えた。［おそらくシャミーリは、ご自分の郷土のやり方を、ここで通してもかまわないと思っているのだ」

そしておだやかに反問した。

「そういう事を娘の父親に言ってよいものでしょうか？」

「どうして言ってはいけないのかね？」

「私たちのしきたりでは、それは罪とされています」

「ご主人よ、イスラム法典は信者を、人種などで区別していない」

「シャミーリよ、あなたは長老です」と、主人はうやうやしく言った。

「けれども私は高潔なチェチェン人でもあります。あなたがご自分の郷土の慣習に従うのも当然です。しかしここでは、チェチェンの慣習を守らねばなりません。もし私がもう一度、そのあまりにも無遠慮な言葉を耳にしたら――私はそれを許しません」

その時、シャミーリの目に怒りの炎がひらめいた。


このくだりには、チェチェンの慣習をイスラム法典に従属させようとするシャミーリの意図が読み取れる。実際に彼はこの目的を力づくで達成した。

シャミーリが取り入れた慣習によれば、若者は一五歳に達したら必ず結婚しなければならず、また、男は何度でも結婚できた。この二つの慣習は、イスラム法典を援用して正当化されたが、実のところ、戦争で兵士がいなくなったため人口を増やす必要があったのだ。

そんなわけで、シャミーリの時代にチェチェンに多妻制が出現した。寡婦たちは、自分が嫁ぎたいと希望する妻帯者の男を選んでよいとされていた。もし、その男が指名を断れば、彼はその決心を変えるまで、穴の中に入れられてしまうのだった。

❁ミチク川の決戦

チェチェン人たちは、力づくで押し付けられた慣習を苦労して受け入れながらも、新機軸を考え出しては抵抗していた。K・オシャーエフは、一九七五年に刊行された『時代の旅』という本に、こんな面白い民話を書いている。

マイルトゥプ村に近いミチク川の両岸の平野に、ロシア軍とシャミーリの軍が集結し、開戦も間近だった。

シャミーリは望遠鏡で敵情を見ていた。望遠鏡の向こうに見えたのは、ロシア軍の隊列から、チェルケス風のコートを着た士官が、白馬にまたがって出撃してくる様子だった。頭には純白の毛皮帽をかぶっている。

その士官は、弓から放たれた矢のような俊敏さで騎馬を駆り、ミチク川を渡河《とか》して、草原で曲乗りをはじめた。後足で立ったり、ピストルを見せびらかしたりしながら、士官は大声をはりあげ「だれか自分と決闘する者はいないか」と挑発するのだった。

この騎兵士官はチェチェンの戦士の間では有名だった。彼はすでに何人もの相手を、一騎打ちで殺していたのである。戦士たちは何度も彼を狙撃していたが、命中したためしがない。望遠鏡を目から離したシャミーリは、司令官たちに、アヴァール語（ダゲスタン山中に住む民族の言葉）で話しかけた。

「ええい、あの士官を殺して無傷で帰ってくる者がいたら、褒美《ほうび》を出すのだが！」

すぐ近くに、馬上にまたがった若いチェチェンの戦士がいた。身には古ぼけた羊の毛皮の外套を纏《まと》い、腰には小舟の櫂《かい》ほどもある長い剣を帯び、ふさふさとした円筒形の毛皮帽をかぶった、まるで乾草《ほしくさ》の山のような大男であった。

アヴァール語を知らない彼は「シャミーリはなんと言っているのか？」と、周りの者に訊ねた。人びとが彼に通訳すると、こう言った。

「それではシャミーリに言ってくれ――おれの望む物を褒美にくれるなら、今すぐにでもあの士官の右腕を取って来て、目の前に置いて見せよう、とな」

この言葉がシャミーリに伝わると、シャミーリはその青い目から、針のように鋭い視線をぼろを着た男に注ぎ、よく観察してから訊ねた。

「本当に奴を殺せるか？」

「あんたの目で確かめるがいい」

「よかろう」とシャミーリは言った。「見たところ、お前が死んだからといって、いつまでも悔やむ者もなさそうだ。だがもしお前が奴を殺したら、私と友になろうではないか。お前はどんな褒美が欲しいのだ?」

「シャミーリの言葉は預言者のそれに等しい」と、ぼろを着た男は言った。「もしあの士官を殺して、おれが戦利品に奴の体の一部を持ち帰ったら、あんたの前で煙草《たばこ》を吸う権利をくれ」

周囲にざわめきが起こった。シャミーリはひどく驚いた。

イマーム・シャミーリは、喫煙を厳しく罰しており、捕まった者の鼻にパイプを通し、ロバに後ろ向きに乗せて、村中を引き回させるので有名だった。それに、煙草を栽培した者の首を刎《は》ねたこともある。しかしここは戦場である。ともあれシャミーリは応じた。

「――お前にその権利を与えよう」

そこでチェチェンの大男は、曲乗りをしているロシア士官を一瞥すると、帽子の下に隠していたパイプを取り出し、煙草を詰めて火をつけ、シャミーリの前でこれ見よがしに煙をはき出して見せると、背負っていた小銃を腰に提《さ》げた。

そして口に長いパイプをくわえたまま、銃の遊底を開いて火薬を確かめ、鞍《くら》の上で姿勢を正すと、草原に待っているロシア士官のほうに向かって、まっしぐらに馬を走らせた。

それに気づいたロシア士官は、ピストルを握った手を高く挙《あ》げ、馬を速歩《そくほ》にして迎え討とうとした。あっという間に二人の戦士はお互いの銃の射程距離に入った。

この時、チェチェン人はだしぬけに馬を止めた。チェチェン人は小銃の狙いを定め、同時に自分のパイプから例の煙草の煙を吐き出した。

その煙を見たロシア士官は、チェチェン人の弾が不発に終ったと判断した。「さあ今度はおれがお前をやる番だぞ」――士官はそう考えて、馬を前進させた。

チェチェン人は、わざと呆然とした風を装い、まるで、あわてふためいて自分の銃に火薬をつめようとするかのように、火薬筒をつかんだ。その間にも士官は近づいてくる。そしてすぐそばまで士官を引き寄せた時――チェチェン人は相手の胸をねらって銃弾を放ち、ついに落馬させた。

味方が落馬したのを見て、川の対岸にいたコサックたちは、叫び声をあげながら駆け出し、そのチェチェン人を追いはじめた。

チェチェンの大男は、馬を飛び降りて、まだ生きている士官の腕を短剣の一撃で切り落とし、その手に握られたピストルを自分のベルトに突っ込み、士官の軍刀を抜いてその胸の上に置いたあと、敵の白馬に飛び移り、自分の馬の手綱も引いて、シャミーリの陣営へ駆けもどった。

シャミーリの前に馬を止め、チェチェン人は言った。

「まあこんな具合だ、シャミーリ！　あの士官はもうあんたを苛立《いらだ》たせることはあるまい！」

そう言って彼はシャミーリの前に士官の腕を差し出すと、自分の部下をふり返って言った。

「おれの馬を、馬をもってない奴にくれてやれ！」これで、ロシア士官の白馬は、大男のものになったわけである。

「まさかあのロシア士官、軍刀をもっていなかったわけではあるまい？　どうしてそれを取ってこなかったのだ？」と、戦士の一人が大声で訊いた。

「おれはそいつを鞘から抜いて、奴の胸の上に載せて来たよ。キリスト教徒か知らんが、奴も勇者に変わりない。勇者には常に敬意を示さねばならんのだ！」

そう言うと彼はまたパイプを取り出し、すぐに煙草に火をつけて、煙を吐きながら、シャミーリと並んで立った。

シャミーリも少しはチェチェン語がわかったので、今の話を理解してチェチェン人にこう話しかけた。

「私は、お前がパイプで煙草を吸うのを許可した。今日からは、最大の勇気を発揮したすべての者に、褒美として『煙草を吸う権利』を与えよう。だが私の前で吸うのは、この男以外は何者であろうと許さん」

この時から、喫煙の権利は大きな褒美と見なされるようになった。

こういう話を読むと、シャミーリの時代のチェチェン人の感情がよくわかる。シャミーリは煙草を取り上げた。しかし、アコーデオンやドラム、歌、踊り、そしてジョークを忘れさせることはできなかった。チェチェン人にとって、それらはただの気晴らしではない。困難な状況のなかで精神のバランスを保つための手だてなのだから。

また、チェチェン人は敵に包囲されてしまったとき、その包囲網のなかでホーミー（モンゴルに伝わる歌唱法）風の歌を歌う風習があった。その歌詞は、この世との別れ、心から大切に思う人や、親しい人びとの思い出、そして神に許しを乞う訴えである。この様子を、ロシアの文豪レフ・トルストイは、コーカサスでの軍務についたあとで上梓した小説「ハジ・ムラート」（日本語版は河出書房新社刊の『トルストイ全集一〇巻・後期作品集下』に所収）で、たくみに描写しているので、興味のある方は、ぜひご一読されたい。

❁クンタ・ハジ——慈雨の指導者

シャミーリをはじめとする指導者たちは必死で帝政ロシアの侵略に抵抗したが、戦争で人びとは疲弊し、山岳民の旗色は年々悪くなっていった。

クンタ・ハジ（生年不詳〜一八六七年）という高徳の神学者【アブリヤ】が人びとの前に現れたのは、そんな時期だった。彼が説いたのは、次のようなことだった。

押し寄せる敵や悪との戦いを、武力ではなく、イスラムの信仰を強め、心を清めて意識を高めることによって戦うこと、神への奉仕に立ちもどり、極端な行動を避けることである。

またクンタ・ハジは、イスラムの義務の遂行ばかりでなく、信者たちに、神への賞賛を励行させた（第Ⅷ章「カーディリー派」に詳述）。彼の目的は、まず人びとのあいだの平和と連帯の確立であり、そのために啓蒙を続けたのだった。

一方、同時代の英雄であるシャミーリは、侵略者に対しては武力で戦うほかないと考えていたから、クンタ・ハジの説教を気に入るはずがなく、その思想が広まるのを食い止めようとさえしたが、アブリヤの説教ともあれば、おおっぴらな妨害をするわけにもいかないのだった。

クンタ・ハジの教えは、戦争により干からびてしまった人びとに広がり、心を潤わせた。それはまるで、日照りで焼けた地面にもたらされた慈雨のようだった。日増しに彼を信奉する者たちの人の波が広がっていき、その誠実な説教によって、イングーシ人たち（チェチェンの西隣に住む民族）もイスラム教に改宗した。これはシャミーリにも達成できずにいた事だった。

「人間は、たとえ敵であっても戦ってはならない。いつも互いを理解しようとしなければならない」――クンタ・ハジはそう教えたが、とはいえ無制限な平和主義を主張したわけでもない。「もしも敵が、アラーへの祈りを禁じようとするならば、もしあなたたちの妻が辱《はずかし》められるならば――その時は全滅するまで戦いなさい」とも言った。

クンタ・ハジは、イスラム教とチェチェンの慣習との調整に努め、それが矛盾する場合には、イスラム教を優先した。

クンタ・ハジは、平和と相互理解、そしてなにより神への奉仕と従順を訴えたが、それは山岳民の団結を意味していたので、ロシア皇帝の手先たちにとっては危険な思想と映った。だから、クンタ・ハジがロシア側に逮捕されたあとの扱いは、実際に武器をとった戦士たちより酷《むご》いものだった。

だが、クンタ・ハジが人びとの心を清めようとしてはじめた活動は、彼の弟子たちや、ほかの長老たちが引き継いでいったのだった。

この頃、人びとの間を「道化師」と呼ばれる者たちも村々を回り、ユニークな啓蒙活動を行っていた。道化師の多くは家族をもたず、自分の幸福をかえりみないで方々を廻り、貧乏人の心を奮い立たせ、不幸な者の悲しみを和らげ、患《わずら》う心を癒《いや》し、恥ずべき者を非難し、高潔な者を褒め讃える日々を送った。

道化師たちの聡明なジョークは今も語り草である。彼らは楽器ひとつを手に村から村へと渡り歩いた。そうして、婚礼や夜会を盛りたて、鋭い知性を遺憾《いかん》なく発揮したのだった。

❁ロシア化したチェチェン人たち

戦争のすえ、一八五九年にシャミーリがロシアに投降したことによって、山岳民の敗北は決定的になった。そして次の時代に入ると、チェチェン人ながらロシア式の教育を受けて役人になり、その見返りとして土地を受け取る人びとが出現した。

そうしてロシアに帰順《きじゅん》した人びとの生活には、それまでにない習慣が生まれた。例えば以前は、結婚は、自分と同じ程度の財産をもっている者同士がするものだったが、そうでない場合が増えてきた。住むところは、それまでとはまったく違う形の大きな家を建てるようになった。

また、それまでのチェチェン人は、財産や服装の差をひけらかさないように気をつけていたが、帰順した者たちは、逆だった。しかも、この世にいる間だけでなく、死んだあともほかの者とは違うように見せたくて、大きく高価な墓碑《ぼひ》を建てるのだった。

例えばオルツァ・チェルモーエフという人物の墓碑が、ある時期までグローズヌイの郷土博物館の中庭に置かれていたのだが、それは高さが二メートル以上もあり、黒い花崗岩《かこうがん》で造られ、枝を切り落した樹木の形をしていた。

金銭への崇拝と、豊かさの礼賛によって、人びとの意識は変わってしまった。それまでのチェチェンでは思いもよらないような事も起こった。例えば、人びとが自分の娘を、すすんで権力者や、他民族の金持ちに嫁がせるようになった。金銭はイスラムの信仰も、チェチェンの慣習も忘れさせてしまいかねないことを忘れて……。

数かずの民話が、金持ちの姿を見栄っ張りのけちん坊として描いている。

ある金持ちが、自宅の窓のそばに座り、焼いた鶏肉を蜂蜜に浸《ひた》しながら食べていると、そばを貧しい老人が通りかかった。

金持ちは老人に訊ねた。

「お前さんは、私の仕事をどう思うかね?」

老人はこう答えた。

「あんたの仕事は、まあまあうまくいっているようだが、結局は私よりひどい目に遭うんじゃないかな――あんたはいずれ、上着の裾を持ち上げて、施《ほどこ》し物を貰うようになるな。そして誰かがトウモロコシの粉を一掴みくれたら、もう一掴みくれと頼んでいるだろうよ」

その後、間もなくロシア革命が起こり、ソビエト政権の時代がやって来た。そのために金持ちはすべてを失い、老人の予言どおり、物乞いをしながら村から村へ歩くことになった。

この物語が事実かどうかは別として、物質的な豊かさを目にしても、膝を屈しようとしなかった人びとがいた事を、この老人が表現している。

ロシア社会と接触するようになった頃のチェチェンの金持ちたちは、ロシア貴族や商人の習慣をまねたが、それでも家族関係はチェチェンの慣習に基づいて築かれ、イスラムの聖職者たちとも、よい関係を維持していた場合もあった。

タンク・ハジの娘のエセトがトルコから帰ってきた時、ロシア政府は彼女を監獄に閉じこめたが、アルドゥイ村の金持ち、デゥンタ・ハジが駆けつけ、彼女のために、保釈金をすべて黄金で支払ったそうである。

やがてチェチェンの金持ちたちは、子どもをロシアの学校や大学で学ばせるために送り出すようになった。そして年月が過ぎ、その多くは学者や作家、芸術家になり、チェチェン民族の風習、生活、社会問題についての、ロシア語の論文や書物の書き手に育っていった。

そのさきがけが、ウマラト・ラウダエフの歴史民俗概論『チェチェン族』（トビリシで一八七八年に刊行）であった。ほかにも、ムツシェフ兄弟、T・エリダルハノフ、I・サラカエフ、A・シェリポフらが、ソビエト政権が樹立されるまでに、さまざまな学術・社会評論・芸術分野の著作を出版した。

そして、ケジ・ドソフが、ロシアのキリル文字を使った、チェチェン語の表記法を作った。これは、ロシアの学者P・K・ウスラルの支援を受けたものだった。

コーカサス戦争のとき、ロシア軍が占領した村で捕虜にしたチェチェンの少年は、成長して著名な芸術家・アカデミー会員になった。その名はピョートル・ザハロフである。同じような宿命を負った少年はもう一人いた。一八一二年の露仏戦争の英雄となった、アレクサンドル・チェチェンスキー将軍だ。

また、音楽の高等教育を受けたムスリム・マゴマエフは、チェチェンでは才能を開花させられず、アゼルバイジャンに行き、そこで古典音楽家となった。

こういった成果はあったものの、ロシア革命までの間のロシア文化の浸透は、チェチェンの一部の人びとに限られていたと言えよう。

第Ⅶ章
歴史に揺さぶられるチェチェン人
――革命と戦争

ロシア革命によってソビエト政権が成立すると、アラーへの信仰は禁止され、チェチェン人のアイデンティティーは試練にさらされた。また、わずか三人でも、徒党を作れば抹殺された。そんな状況では、民族の文化も変質せざるをえなかった。

革命以来、チェチェン人の精神は、三度にわたって打撃を受けたと言える。最初はソビエト政府がまだ弱かった革命初期、二度目は一九二〇年代から一九四四年の強制移住まで、三度目は一九九四年にはじまったチェチェン戦争である。

❁革命初期（一九一七年～二〇年頃）

一九一七年にロシアで革命が起こって共産党が勝利すると、チェチェンのエリート層でも分裂が起こり、民族の意思がまとまらなくなった。

それもそのはずであった。チェチェンをまとめていた全国会議は、とうの昔、一九世紀はじめに、イマーム・シャミーリが反ロシアのための北コーカサス連合を成立させた際に廃止されていた。民衆自身が指導者を選ぶことができなければ、人びとは内紛に陥ってしまう。そして内紛はつねに悲惨な結果を招く。

コーカサス戦争に敗北したあと、チェルケス人（主にチェチェンの西にあるカラチャイ・チェルケス共和国に住む少数民族）などは、貴族たちの言葉に従って、民族を挙げてオスマン・トルコに移住したが、粗末な船で黒海を渡り、困難の多い他国の土地へと移住してみれば、やはり犠牲は大きく、全滅してしまった集団もあった。

チェチェン人は貴族制をもたず、運命を他人に任せていなかったから、移住の呼びかけにはほとんど応じなかった。とはいえ、政治的・精神的支柱がなかったために、ソビエト時代の初期は、チェチェンの長老や聖職者たちをはじめ、人心が動揺した。スガイプ・ムルラ・シャリンスキーやイブラギム・ハジ・ゴイチンスキーらは、帝政時代に失われた自由と、奪われた土地を返すという、政府の約束を信じた。一方、聖職者のユスプ・ハジ・コシケリジンスキーたちは抵抗した。

社会に革命や戦争のような大きな変動が起こるとする。その変動は何の利益ももたらさないかもしれない。それどころか、ただ人びとを不幸をもたらすだけの時もあるだろう。それでもチェチェンはかならず変動に巻き込まれたし、むしろ彼ら自身、放って置かれることを望まなかった。またしても、歴史の車輪は、チェチェンに血の滲《にじ》む轍《わだち》を残して通り過ぎようとしていたのだった。

例えば、内戦時代（ソビエト政府＝赤軍と、帝政派＝白軍の戦争）、チェチェンが赤軍側についたときには、いくつもの村が一日のうちに全滅するような激しい戦いもあった。これらの戦闘で、チェチェン人は持ち前の勇気と大胆さを発揮したのだった。

一九二〇年に内戦が終わると、ソビエト政府はいくつかの約束を実行した。それは、帝政時代に取り上げた土地の一部をチェチェン人に返し、新しく政府が導入した裁判制度と並行して、イスラムや伝統的な慣習法【アダト・ギルラフ】に基づく裁判所が活動することを許し、ソビエト式の学校と同時に、モスクの宗教学校を存続させるというものだった。

❁強まるソビエト政府の支配

だが、ソビエト政府の基盤が固まってくるにつれて、聖職者が弾圧されはじめ、シェイフ・ウシュルマ・アルドゥスキーの時代以来、イスラムの求めるままに民族の慣習を執り行ってきた聖職者たちの活動が、息の根を止められた。

ソビエト政権を支持したのは、農業に熱心でなく、自分の家族を守る力のない人びとで、民衆には尊敬されていなかった。それなのにいきなり権力の座についたものだから、これまでの恨みつらみを晴らすために、偽りの中傷をして目障りな人びとを逮捕し、抹殺していった。そんな風に、信頼できる人物から順に姿を消していったのである。

こんなひどい状況の中で、人びとを精神的に支える役目を果たせるのは、この時代に新たに登場した知識人たち、つまり作家、学者といった、さまざまな分野の専門家だったが、彼らもまた、お互いへのレッテルの貼り付け合いという病《やまい》からは逃れられなかった。その結果、知識人の多くが銃殺され、あるいはシベリヤの強制収容所に送られることになった。

人びとにはよく分かっていた。権力の座に就《つ》いた者たちが、どんな大きな悪事を働いているかを。権力を利用して昔の恨みを晴らし、どれほど多くの気に入らない人びとを抹殺しているかを。

にもかかわらず、人びとは連帯して抵抗しようとはせず、多かれ少なかれ、悪が広まるのに手を貸してしまい、やがて人びとはみんな孤立していった。

❂両極端を選ぶチェチェン人

民族全体が、まるで催眠術にでもかかったかのように抵抗力を失う時期は、チェチェンの歴史のなかで、時折くり返されている。もっとも手強い敵との戦いで、無類の勇敢さを発揮した、まさにその人たちが、戦いのあとで自分たちの家に忍び入ってきた悪事を見て、大蛇《だいじゃ》に睨《にら》まれたように身動きできなくなる。ここに、チェチェン人の特徴の一つがある。

- チェチェン人は、なぜか複数の選択肢から中庸《ちゅうよう》を選べず、いつも両極端のどちらかを取る。
- チェチェン人は、権力を完全に拒否するか、もしくは欠陥のすべてを知りながら、それを丸ごと受け入れる。
- 英雄的に戦うか、あるいは完全に無関心になる。

つまり、白か黒のどちらかなのである。こう考えなければ、チェチェンの権力者たちが、狂犬のように周囲の者を抹殺しはじめるばかりか、より上位の権力によって彼ら自身が抹殺されるまで粛《しゅく》清《せい》が続くなどという事態を、どう説明できるだろう？

ある作家は『私たちの風習』という作品で、次のように述べている。

ナジャイ・ユルトフスキー地区に、内務人民委員部長という役職の者がいた。彼はある住民を呼び出して、隠匿している武器を引き渡すよう要求して、何度も殴った。その男の所に武器があろうとなかろうと、構わなかった。そんな「捜査」のあと、男はライフル銃を引き渡す約束をして釈放された。

釈放された男は、内務人民委員部を警備する番人に呼び止められた。番人は、かわいそうな男への「同情」から、ライフル銃をある金額で売るとささやいたのである。男は金を工面して番人から銃を買い、それを引き渡すよりほか、道はなかった。たとえそれで、最後の雌《め》牛《うし》を売る羽目になっても。

この部長は、それからも長い間、同じライフル銃を何度も売って儲けた。それは自分の命より名誉を重んじる、ある素朴な貧乏人が彼を殺すまで続いたのだった。

同じようなことが、アルグン峡谷の村落でも起こった。

残虐な殺し屋として悪名高い内務人民委員部長が、ある男を路上で撃ち殺したのだが、殺された男の息子は、部の職員として働いていた。部長はこの事件のすぐあとで息子に会い「俺はたった今、お前の親父だとかいう犬を殺してきた。道路にあるそいつを片付けろ」と、こともなげに言った。息子は無言で命令を実行したのだった。

このような、人としてあるまじき罪に対して、伝統はあまりにも無力だった。チェチェンには、同時に圧倒的多数の人びとを抑圧するような権力に対抗するための、有効なメカニズムをもっていなかった。

だから、このような局面を目《ま》の当たりにした人びとの心に浮かぶのは、この凶悪さに抵抗する困難を、誰かほかの者が引き受けてほしいという思いだけであった。

混乱の時代が来るたび、チェチェンにも、伝統を無視して悪に仕える者たちがいたことは否定できない。

このときはソビエト政府が徳の高い人びとを抹殺し、そのあとでチェチェン人たちが参加する「無神論者協会」さえ作られた。誰かがアラーの御名を口にすると、これみよがしに共産党の教えを言い出す者が、少なからずいた。

例えば、ある村の共産党の協力者たちは、時には傍若無人な大声で「ヴェカペ！（全ソ連邦共産党の略）」と叫んだりした。この言葉は彼らにとって、民族の伝統や道徳からの「解放」を意味したのだろう。

❁ソビエト的な慣行に染まる人びと

政府の正しさを心から信じて、見た目は民族的でありながら、内容はソビエト的な新しい慣行を取り入れようとした人たちがいた事は、記憶しておかなくてはならない。これらの人びとは国家の役職に就いており、その目的はことごとく立身出世だった。それこそが、より大きな特権を意味したからである。

彼らのいきざまは、グローズヌイで一九八九年に出版された『たそがれの中の木々』という書物にこう描写されている。

二階建ての建物に二つの地区委員会があった。一階はコムソモール（共産主義青年組織。共産主義に基づいた若者の教育、自主活動の組織化などを目的とし、企業や組織、地区などにそれぞれ支部が置かれていた）委員会、二階は共産党委員会である。

一階の連中はいつも猛烈に忙しく仕事をしていて、二人のタイピストに同時に口述して手紙を書き、これに決済のスタンプを何箇所も押してサインし、村の活動家に、薪の買い付け、飼料の節約、家畜の放牧、農地の耕作、羊の毛の刈り取り、夜会のダンス、どんなことにも指示をした。

実のところ、これらの手紙が送られて来るまで、村の活動家にはまったくする事がなかった。そのうえ農民たちは冬になるとこれらの手紙を竃《かまど》の焚《た》き付《つ》けにし、燃え上がって爆《は》ぜる音を聞きながら、これほどたくさんの紙を送る事を思いついた人たちに感謝するくらいだった。

またあるときは、コムソモールが村の活動家たちを一階に呼び、命令を言い渡した。期限までにすべてのコルホーズ（集団農場）の納入金を払うこと、ついでに建物で働く全事務員に焼き肉料理を振舞うことに同意させたことがあった。

こんなことがどうして行われたかというと、すべては二階という上の階層にのぼるためだった。一階の職員たちは、二階の職員たちと会う時は文字通り浮き足立った。二階の職員との短い会合で受けた感銘さえ、下の事務員たちの間ではしばらく続いた。上の職員が水を飲みたいと言えば、下の者ははるか遠くの泉から汲んできた、きれいで冷たい水を勧めるのだった。

こうしていれば、いつかは出世して二階の執務室を使う身になれると期待して、下の者はどんな芸当でも厭わなかった。

二階の者たちはといえば、一階をよく観察して、一番気に入った者を引上げていった。もし首尾よく二階に上がれたとしても、居場所を作るまではおとなしくしていなければならなかった。

例えば、新参者が完全に下の階を抜け出したと思い込んで気が大きくなり、他人の仕事に口出ししてしまえば、また階段を降りる羽目になる。そうしたら、光がさしこむ上の階に抜け出す機会は訪れない。

ついでに言えば、上の階といってもたくさんある。建物の高さは限りがあるが、官僚組織は二階で終わるわけではない――その上にもう一階、さらにもう一階と続くのである――。

その一方で、このころ学校などの文盲撲滅の拠点が作られはじめ、人びとに読み書きを教えるようになった。チェチェン人の生活に新しい慣習が入ってくると同時に、新しい言葉も入ってきた。例として一九八三年にグローズヌイで出版された『空家の夜』という小説集から、「デニソルト」という短編小説の一節を引用しよう。

バルシ村で奇妙な事が起きていた。村人の会話に、たくさんの新語が入って来たのである。もし、何年も森の中で暮らしていた者が戻ってきたら、まず彼は驚いて、それからこう思ったに違いない。

「自分は気が狂ったんだろうか、それともみんなの方が？　でも、みんないっせいに気が狂うなんてことが、あるだろうか？」そして当惑のあまり、元の森へ逃げ帰りたくなるだろう。

私は活動グループの予行演習から帰るところよ。

おれは農村読書室へ行くところだよ。村の文化啓蒙活動家は席にいたかね？

あんたは地域保健機関に登録したかい？

ああ登録したよ、昨日、村執行委員会の代議員が私たちの所に説得に来たからね。

昨日、私たちの所に財務職員が泊まったわよ。

一昨日、俺たちの所に税務調査官が来て、業務を終了する必要があると警告した。

あんたは聞いている？　バアデゥラの息子のバーハが農村通信員になったらしいの。うちの人が新聞で読んだのよ、彼がイルズの息子、シャムシャクについて書いた「裏切り者を一掃せよ！」という世相戯評を。それに、彼の兄弟は共産青年同盟に入っているそうよ。

それがどうしたって言うの？　世間では子どもたちが内務人民委員部に入っているというのに。

ここに引用した一節から、人びとの考え方と意識が、どれほど変わったかということがわかる。まず、ソビエト政府は多くの新しいもの（学校、成人学校など）を導入し、同時に新しい言葉が入ってきた。人びとがはじめて国家のために働き、それに誇りをもつようになった。そして、国の役職に就《つ》いた者たちは、同じ民族の中に「敵」を見付け出そうとし、人びともそれを受け入れた。「敵を一掃せよ！」と。

さらに人びとは富農、中農、貧農の三つの階層に分けられただけでなく、その区分をすすんで受け入れた。

革命からわずか十年後には、これだけの害毒が人びとの意識に及んでいたのである。

国家権力は、はじめに民族の精神的支柱だった聖職者たちを抹殺した。そのあとを委ねられた知識人たちもまた制裁され、長くはもたなかった。
こうして、チェチェン民族は牧夫《ぼくふ》を失った。牧夫を失ってしまえば、民族は放り出された家畜の群れも同然だった。

❁強制移住

迷える民は、ある厳しい冬の日に、貨物列車に乗せられて祖国から追放された一九四四年二月二十三日、スターリンはチェチェン人とイングーシ人がナチスドイツに協力したとして、およそ五十万人の民族全員を、わずか一夜にしてカザフスタンやシベリアに強制移住したのである。

その頃に作られた宗教歌【ナズマ】がある。異郷の地にあったチェチェン人たちは、一七四の四行詩からなるこの宗教歌を、手で書き写しては仲間に伝えていった。詩の終わりには、この宗教歌を伝えない者は重い罪を犯す事になる、と警告する一文が加筆されていた。

この宗教歌を読むことによって、人びとは苦悩への答えを知ろうとしていたのではないかと思われる。ごく一部だが引用してみよう。

あなたは王の中の王
あなたは九十九の名前をもっておられる
あなたのひとつめの御名はアラー

あなたは神　私たちはあなたの僕《しもべ》

私たちの祖先が祖国で
熱い血潮をもって聖戦を勝ち取り
イスラムを強めた時
国中があなたを褒めたたえた

あなたはご自分の幸福の扉を開いて
彼らに平穏無事な暮らしをお与えになった――
子らは飽食して成長し
傲慢になってあなたを忘れた

この黄金の太陽をののしり
悪事と犯罪を増やし
密告して互いに殺し合い
敵と結んで自分の血を汚している

嘘つきの証人が証言し
私たちは真実を忘れた――
あなたは怒りを私たちに投げつけ
私たちは祖国を奪われた

強制移住はなぜ起こったのか――。

作者は、災厄の原因を外部に求めるのではなく、それを私たち自身の内に見い出している。すべては神の戒めを忘れた事、民族の道徳と倫理を破る者が増えすぎたためだと考えて……。

政治的には、強制移住の原因はたやすく求められる。チェチェン人はじめ、コーカサス諸民族には反乱の種がいつもあり、これを危惧したスターリン体制によって意図的に移住させられたのである。

だが作者はそのような理由では満足せず、はるかに遠く、伝統と宗教、そして心の深奥に分け入っていく。

「良き事はアラーの思し召しであり、災難は身から出た錆《さび》である。アラーは何一つ人間に不当な仕打ちはされず、ただ人が不幸を招くだけのこと」――コーランはそう説いている。

強制移住が行われた時、竈《かまど》にはトウモロコシのパンが生焼けのまま残っていた。中庭には放置された家畜が佇《たたず》み、悲しげに犬が吠えていた。ついさっきまで人が住んでいた家の中には、開け放しになった戸口から冷たい風と雪が吹き込んでいた。

だが、チェチェン民族は絶滅も離散もせず、この裁きの日を耐えて生き抜いた。苦しい試練の時にはいつもそうであったように、人びとは生き残っていたわずかな聖職者を中心に団結した。彼らは災厄の苦しみを、宗教歌によって、ジョークによって、踊りによって和らげようとした。

その日、軍隊に家を追われて護送される時、ある女が「何て恐ろしい事が起きているの、何という恐ろしい日なの！」と嘆いた。しかし並んで歩かされていた別の女はこうまぜっ返した。「それほどでもないわよ。今までで一番恐ろしかった日は、夫が二人目の妻を家に連れて来た時だったわよ」と。

「みんな一緒の不幸は楽しい物」――とチェチェンの諺《ことわざ》は言う。どんな恐ろしい災難でも、人びとと一緒であれば耐えられるという意味だろう。

そう、この恐ろしい日に、すべてのチェチェン人は同じ一つの舞台に立った。お偉方と平《ひら》の者、信者と不信心者、利口な者とそうでない者、密告者とその犠牲者とが、はじめて「和解」しあった。

異郷で死んだりしないように、人びとは一緒に肩をよせあいながら、飢えや寒さと戦い、聖歌や俗謡によって、支え合った。共通の災厄は意識を浄《きよ》め、すべてのチェチェン人は再び兄弟姉妹となった。宗教歌の作者は、当時のチェチェン人の意識をこんなふうに描写している。

チェチェンとイングーシの不幸な民は
滅亡したも同然——
悔いて私たちは　あなたに訴えます
私たちをお助けください　偉大なる神よ

あなたが私たちに祖国を返して下さるなら
一目でも祖国を見る事をお許しになるなら
私たちは約束します　偉大なる神よ
あなたを忘れず　あなたのために生きる事を

妬《ねた》みや偽りの心を浄《きよ》め
仲間たちをおのれ自身のように愛し
いつもあなたを思い出しながら
あなたのために生きる事を約束します

私たちの罪は増えすぎて
もうお願い事はできません

けれども　あなたの御名において
慈悲をお示しください　偉大なる神よ

私たちは禁を犯した事を悔いて
もうこれ以上はしないと
あなたに約束します
それを祝福してください　偉大なる神よ

私たちは祖国が戻って来るまで
黒衣を着て　ひっそりと歩き
喜びや楽しみを
私たちは避けます　偉大なる神よ

神からも、世界からも見放された時、賢者たちは、この災厄の原因をつきとめ、そこから逃れる道を探し出そうとした。その道はいつも一つしかない。神に従うことである。さらに宗教歌の作者は、チェチェン人がまさしくそう行動したことを、記録している。

黄金は強い炎によって浄められたが
あなたは下僕たちを試すために
ご威力をお示しになる
あなたの願いは私たちの心の内にあり
避けるべきことを私たちに教えている

まじめに働いて糧を手に入れ
貧者に施し
無駄な衣服や食事は
あなたの御名において控えます

痛みや死を　私たちは恐れない
あなたのご意志がなければ何も起こらない
逃亡や　涙や　ごまかしでは
あなたがお定めになった事からは逃れられない
死から逃れる事はできず
あなたの前に　私たちはみんな出頭しなければならない

太陽がいつも照りつけるなら
地上の物はすべて枯れてしまうだろう
けれどもあなたは　嵐を送り　雨を降らせ
そうして生命をお与えになる

父親は息子を
目に入れても痛くないほどに愛していながら　罰して教える
他人の息子にならば指一本触れはしないとしても——
私たちを教え導き　あなたの下僕として下さい

この宗教歌には、神が人びとの祈りに応《こた》え、災難に襲われたチェチェン人たちをお導きになるという確信がある。現実はまるで裏腹だったのに、そう固く信じたのだ。

老人たちによれば、村から移送された時、人びとはすぐに家に戻れると信じていた。彼らを押し込めた貨車に、次の駅で蒸気機関車が連結し直しされた時にも、列車の行き先が変わったのではないかという、空《あだ》な希望が生まれた。

流刑地に着いたあとも、人びとが配給された種子を蒔こうとしなかったのは、作物が熟して収穫できるようになる前に家に帰れると信じていたからである（このために強制移住者の間では、なおさら飢餓が猛威を振るった）。

線路を機関車の汽笛が響きわたるたびに、人びとはついに自分たちを連れ戻す列車が到着したと思って駅に押し寄せた。毎日、挨拶がわりに「俺たちを帰国させる話は聞かなかったかね？」と訊《たず》ねあった――そのくらい、祖国に帰れるという確信は強かったのである。

疑いようもなく明らかな事は無視するのに、信じたいことは信じる。それもチェチェン人の特徴なのだ。それでいて、期待を実現するためにはごく僅かな事しかしない。

もっとも強制移住先からの帰国とは、努力してどうなるものでもない。例えば、ある知識人が共産党に手紙を書き、政府がチェチェン人を不当に扱っていると訴え、同時にチェチェン人がソ連国家のためにこれまでどれほど献身的に働いたかを論証したが、結局その人物は跡形もなく消されてしまった。普通の人びとにできる事は、ただ神に祈り、神に奉仕する事しかなかった。

それでも必ず故郷へ帰れるというチェチェン人の途方もない確信は、何に基づいていたのか。異郷の寒い闇の中で彼らを支え、生きる助けとなった唯一の光明――それは信仰であった。

生まれた土地から追放され、まったくの異郷に置かれ、雪嵐が吹き抜ける寒々とした荒野に放り出されたチェチェン人たち――この民族が地面に撒かれた灰のように吹き散らされずに済んだのは、祖先から引き継いだ信仰と、慣習のためにほかならない。

流刑地での宗教儀式はもっぱら民家で行われていたので、人びとは神への讃歌を歌うために、ひんぱんに集まった。また、祈祷の時には、お互いに親身になって信仰上の問題を語り合った。
チェチェンの叙事詩の存在が、生まれた土地に対する熱烈な愛と、民族への誇りを支えて来た。
例えば、詩人のマゴメット・ママカエフの詩『祖国の戒め』を引用してみると――

ならわしと客のもてなしを心得た家庭で
名誉を重んじる心をもって育った立派な息子たちに――
生涯にわたり　一つ一つの言葉と行動によって
尊敬する祖国の名誉を高めるように　祖国は訴える

なにもかも失われ　苦難の重荷がのしかかるとき
飢えが内心の弱気を責めたてるとき
災難と不正に立ち向かう者に
忍耐と勇気を失わないように　祖国は訴える

次の素朴な短詩を作ったある娘は、シベリアで十五年の流刑の歳月を送る目に遭った。

屋根の下のニワトリの巣をこわしたのはあなた

そこへ通じる子どもたちの小道をこわしたのはあなた
スターリンよ　私たちの生活を壊したのはあなた
神があなたを箱の中に入れるだろう

◎堕落の道

やがて、強制移住はチェチェンの伝統文化と倫理を大きく傷つけていった。多くの人びとは、そこで与えられた人生を大事に生き、不足する食糧も喜んで隣人に分け、孤独な老人たちの面倒を見て生きた。

だが、父親が家族を置き去りにしたり、成人になった子どもたちが自分の親を追い出すようなことも起こった。強制移住は、人びとの真の姿を、容赦なく剥《む》き出しにもしたのだった。

人びとは飢えと戦うのに精一杯で、昔からの伝統を学ぶことができず、それを子どもや孫たちに伝えることもできなかった。そのために、世代間の文化的な結束は弱まった。

絶えることのない欠乏と飢餓の中で育った世代が、その飢餓感を生涯にわたって持ち続けたために、彼らは倫理や道徳よりも物質的な豊かさを重視するようになった。

山岳を庭にしてきたチェチェン人は、流刑地の空の下《もと》ではこんなにも無力だったのだ。率直なところ、もし生き残るための条件があれほど過酷でなければ、異文化の影響はずっと弱かったろうと思う。過酷な土地では、精神性よりも物質に向かってしまうのが人の心である。

また、流刑地で同居することになったほかの民族の生活様式がもたらされたことも手伝って、チェチェン人の意識と生活態度がかなり変わった。伝統を奥深くまで理解せず、簡単にそれを手放してしまった者もいた。伝統的に大事にされていた精神的な自覚（あるいは心の聡明さ）【シンクヘタム】が次第に弱まった。

具体的には、次のような変化が起こった。

①アラーの戒律を守る上で、見逃しも認められるという見解が広まった。イスラム教徒の義務がないがしろにされ、断食を守らない者が増えた。それに対する言い訳は「重要なのは、心の中でイスラム教徒であり続けることだ」といったもの。断食を三日以内に短縮してもよいという間違った意見は、この時に生まれたらしい。

②チェチェンの多くの慣習が守られなくなるか、それが形式的なものになった。

③チェチェン人と他民族との交わりが増えた結果、民族間結婚が増えた。

④酒が普及した。

強制移住前は、飲酒や喫煙をする者はわずかで、それもおおっぴらではなく、悪習に悩む者はまわりに隠していたのだが、強制移住時代の若者たちになると、飲酒しない者の方が少数だった。そればかりか、酒は、楽しみには欠かせない物と考えられるようになった。

⑤衣服・生活様式・住居の構造が大きく変化した。

⑥生まれた土地への愛着が弱まった。

これは、とくに強制移住先で生まれ育った者にとってそうだった。そもそも故郷に帰りたいと思わない者も出て、物質的に豊かな生活を求めて、広大なロシアの各地に散っていった。

⑦文化の価値が相対化された。

一部の人びとは、民族の固有の文化や倫理は特別に価値があるのではなく、ほかの民族のそれと比較した場合に価値が生まれると考えるようになった。他民族との接触の中で、さまざまな誘惑を知った結果である。また、この考えを広めるのには権力側も手を貸した。

❁チェチェンへの帰郷

郷愁の一三年が過ぎて、チェチェン人はついに流刑先のカザフスタンやシベリアからチェチェンに戻ることができた（スターリンの死去を受けて一九五六年の共産党大会でフルシチョフが秘密報告を行い、強制移住の誤りを認めたため、チェチェン人とイングーシ人は祖国への帰還を許された）。

暁の空よ　私たちはお前たちを後にした
夕焼けよ　私たちはお前たちを後にした
私たちは青いシベリヤを後にした
もう戻らないという決意を固めて

配られた糧《かで》だけを手に
千人で来たのに　帰るのはわずか百人
語られるような墓所もなく

この青いシベリヤで
親たちと別れて
望郷の思いにかられながら
人びとの結束を懐かしみながら
兄弟との別れを嘆き悲しむ姉妹と共に
私たちが命じられたのは　この青いシベリヤで
日々の糧を求める事であった

ああ　親を失って
家族が帰って来る
ああ　兄弟もなく残された
哀れむべき姉妹が帰って来る
ほほえみかけてください　母なる故郷よ

ほほえみと共に　やさしく迎えてください
戻って来た　あなたの民を

だが帰還した彼らを迎えた祖国とは、古びて草に埋もれた村であり、崩れ落ちた墓石であり、荒れ果てた泉であった。聖職者と交わる事の喜びを経験してきた年長の世代は、移住前と同じ生活を求め、そのころの社会を取り戻そうとした。だが、それは困難だった。かつての生活は燃え尽たように永久に去り、跡にはわずかに灰だけが残っていたのだった。

それでも、チェチェンにはかつて聖職者から教えを受けた人びとがわずかながら生き残っており、強制移住から戻ってくると、師に代わって若者たちに宗教に関する知識を伝えた。そして次にはその弟子たちが続いた。彼らのおかげで、かつての長老たちが示した智恵の灯《ともしび》は、か細くはあっても、灯《とも》されつづけたのだった。

二重の生活

人びとの生活と意識は変わってしまい、ますます分裂あるいは二重の価値観がはびこっていった。一方には、政府に押し付けられた「慣習」を受け入れる人びとがいた。もう一方には、イスラム法典や民族の慣習法にもとづく伝統的な生活様式が残っていた。

例えば誰かが殺人を犯した場合、政府が犯人を罰しただけでは紛争は収まらず、血の復讐に関係する人びとが命を差し出すか、イスラム法典または慣習で決められた和解を成立させなければならなかった。つまり一つの事件に二重の処理を必要としたのである。

しかもチェチェン人たちは、もめごとに権力が干渉してくる前に、自力で解決しようとするのが常だった。解決を権力に委ねるのは、恥ずべきことと考えられたからだ。

結果として、人びとは伝統的な考え方と、権力に押し付けられた考え方の、二つの価値観を同時に生きなければならなかった。そんな状況でイスラム教と父祖の伝統を充分に受け継いでいくのは、手の平に燃える石炭を握るくらいむずかしい。

追放先から戻れたとはいえ、伝統の忘却は続いた。それをさらに加速させたのは、習慣化した出稼ぎだった。そこから人びとは新しい慣行と風習、時には病気まで持ち込んだ。それが原因で家族のいざこざが起こることも多かった。

また生活様式は、一九七〇年代のはじめまでに大きく変わった。特に、服装のマナーの変化が著しい。服装には人間の精神があらわれるものだが、かつては大きかった女性のスカーフは細長い布切れのようになり、今では若い娘たちはスカーフをかぶりたがらないくらいである。これはささいなことに見えるかもしれないが、かつて長老たちの努力によって確立された伝統の美が、流刑地での飢えの中で育った世代によって絶えた事を示す一例である。

それでも、作家や学者の中には、抵抗を続けた人びともいた。

とくにチェチェン人の民族的自覚をうながしたのは『長い夜』という長編小説を書いたアブザル・

アイダミロフだった。この作品は、チェチェン人に勇敢で智恵のある祖先がいたことを描いている。それは、チェチェンがロシア帝国の支配下に入る前まで野蛮時代であったわけでは決してないことを、若い世代に伝えるものでもあった。しかし、このような作品を書けば、著者は政府に迫害され、出版した者も往々にして処罰された。

❁ソ連崩壊と、自由の困難

そういった努力はあったものの、全体としてチェチェンの伝統は復興されないまま、ソ連崩壊が近づいていたのは不幸なことだった。

一九九一年のソ連崩壊によって、人びとは自由に生活様式を選ぶことができるようになったのだが、そのとき、以前なら見られなかったような、有害な風潮が現れたのだ。

- 無遠慮な言葉使いが増え、これにまつわる問題が増えてきた。
- よい印象を与えたり、何かの利益を得ようとして、うわべだけ慣習に従う者が増えた。
- 金銭的価値ばかりを考えて、倫理上許されない仕事に手を染め、安易な方法で金持ちになろうとする志向が見られるようになった。
- 自由とは、望むことが何でもできる事だという理解が広まった。だが第Ⅱ章でも述べたように、そういう自由は害悪そのものだ。

・政治的理由による武装対立が起こるようになった。それ以前のチェチェンでは決して起こらないことだった。
・政治家が、目的を達成するために、ためらう事なく民族を戦火のなかに投げ入れ、人の血を流すようになった。
・チェチェン人は政治的、経済的な利益を追いかけるいくつもの派閥に分裂していった。そして、全民族の運命に責任のもてる人を養成するのではなく、ただ利益追求のための仲間を育てるようになった。これは、人間を国家という機械のネジのように見なしてきたソビエト時代のイデオロギーの影響かもしれない。

これらは、十八世紀後半からこちら、運命を他人に握られてきたチェチェン人が、思いがけない自由を手に入れても、真の文化の道を歩みはじめるのは簡単ではないことを示している。軛《くびき》から解き放たれたとき、私たちの内にあった病が明らかになったのである。

しかも、私たちの民族はそれから二度の戦争に見舞われることになる。

❁第一次チェチェン戦争で示された精神力

その困難な時期に、ロシアとの戦争（第一次チェチェン戦争。一九九一年に独立を宣言したチェチェン共和国に対して、九四年にロシア軍が侵攻し、九六年まで戦争が続いた）がはじまった。

果敢な若者や娘たちが、あとから続く者たちの道を切り開くために、地雷原を乗り越え、負傷者を救い、無辜《むこ》の人びとを助けようとして活躍した。そして、百倍も優勢なロシア軍に抵抗して死んでいった（神が彼らを祝福されますように！）。

チェチェン民族は、自由に生きる権利を得るために、今まで同様、どんな試練でも乗り越える精神力をもっている事を、この戦争が示したと言えよう。

停戦と第二次チェチェン戦争――新たな不幸のはじまり

ところが、第一次チェチェン戦争のあとに訪れた「平和」は、耐え難《がた》い不幸でもあった。チェチェン社会の財産であるはずの石油の横領や、強盗を行う悪党たちが現れたのである。私たちがもっとも恥ずべき事――それは、身代金目的の誘拐が蔓延したことだった。

誘拐それ自体は、はるか昔の異教時代からある犯罪だが、これがなぜふたたび蔓延したかといえば、口先ではイスラム教に献身していると言いながら、その実、まったくそうではない者たちが急激に増加したからだ。

そのうえチェチェン人は、この者たちを道徳的な見地から批判する事を忘れていた。そう、チェチェンには道徳のための多くのメカニズム――例えば、呪いの塚の設置や、七代の子孫に言及して公衆の面前で行う呪いの宣言――があるのに、それを行使することを忘れていたのだった。

そして、一九九九年にふたたび勃発した第二次チェチェン戦争は、私たちの生活にとって、さらに深刻な危機のはじまりとなった。多くのチェチェン人は戦火を逃れて故郷の村を逃れ、難民キャンプで生活するか、それもかなわなければ打ち捨てられた農場や納屋での暮らしを余儀なくされた。ヨーロッパやアジアの国々に去った人たちも少なくない。

チェチェンよ　あなたの子どもたちの叫びは
世界のあらゆる隅々から聞こえる
民族が粉のように離散するならば
一体　存在する意味があるだろうか？

チェチェン人はこの国から追われ
高潔な伝統は消されていく
空から弾丸が落ちてこない所へ
生き残った者たちは去ろうとしている

彼らは近くへ　遠くへと去っていく
イングーシへ　シベリヤへ　ヨーロッパへ
七代の祖先が一度も見なかった物を

自分の家を離れ　彼らは見る
この明るい世界は大きい
国内で　そして遠い外国で
あなたが自分の家と生まれ故郷を去る時
この世界は辛《つら》いものになり　心は不安で一杯になる

私たちは、とりわけ祖国の外にいるチェチェン人は、母国語と民族の文化を永久に失う危機に直面している。それを食い止めることは、チェチェン人であることを自認する、すべての者の義務である。

いま、何をなすべきか

チェチェンの風習と伝統に対して大きな害を及ぼしているのは、ウェズデンゲルを守ろうとしない最近のテレビ、ビデオと、ある種の新聞雑誌の存在だ。言いたくはないが、この「文化」の圧力は、今の若者の行動にますます影響を強めているように感じられる。今や、これを禁止したり、力によって現状を変えることは不可能である。

そうなのだ。もし誰かを、無理やり道徳規範が命じるような身なりにさせても、心の奥底は変えられない。そんなことをさせれば、意識は二重にものを考えるようになり、かえってその人は偽善的になるだろう。神もコーランのなかで「信仰を強制してはならない」と警告されている。とすれば、これからするべき事は、イスラムの宗教とウェズデンゲルを、心を込めて人びとに伝えてゆくことだ。

そのためには、使うことのできるあらゆるメディアを駆使して啓蒙活動を行わなければならないだろう。特に、子どもには幼い時から宗教と倫理を教えながら育てるために、内容に深みがあり、芸術性の高い詩、ラジオやアニメ、ビデオを活用すべきである。

また、人びとに働きかけることができる学者、作家、教師が、国の支援も得て力を尽くさなければ、チェチェンの民族文化は、取り返しのつかないまでに崩壊してしまうだろう。

このままでは、武器を使ってでも他人から何かをせしめようとするような、新しい「慣習」が生まれてしまうかもしれない。もしそうなれば、もはや私たちはチェチェン民族を名乗る資格もない。それだけは必死で回避しなければならない。

明るい兆《きざ》しもある。例えば、宗教に興味を抱《いだ》き、イスラム教を学ぼうとする若者がが、かなり増えており、彼らが積極的になってくれたおかげで、以前は人影もまばらだったモスクが、最近は祈る人たちで溢れている。

これまで見て来たように、チェチェンの伝統的文化と倫理は、それぞれの時代によって変化を強いられ、困難を乗り越えながらも、有益な風習は消滅し、また別の風習がもたらされてきたし、外見の変化も免れなかった。

しかし、戦争や強制移住など、もっとも困難な時代には、必ずチェチェン文化の最良の特長があらわれてきたのも事実である。そのために民族は滅亡も離散もせずに済んだ。その意味で私たちは、やはりチェチェン民族らしく生きてきたと言えるだろう。

第Ⅷ章
イスラム教とチェチェン

❂イスラム教の世界

イスラム教は、神によって与えられた宗教でありながら、すべての民族のよき伝統を取り入れ、人間の心と肉体にとって何が大切かを示したものであり、それ自体が最高の文明と言える。

しかし世界には、文化や倫理についてのさまざまな考え方が混在しているのも事実だ。中でも重要な問題は、宇宙が存在する意味や、人間の存在の意味を問うことである。あるいは、文化というものは何のためにあるのか——これらの問題には、さまざまな哲学や宗教が答えを求めてきたし、イスラム教も独自の答えを出している。

この世界のすべての物は、唯一の神であるアラーがお造りになったのであり、神はすべてを知り、すべてを支配する。人間の義務は、神に奉仕することである。神は人間のすべての行いを見て、来世で裁きを下す。人間は神に帰依し、試練に耐えなければならない。

そのようにして生きる人の生活にこそ、安らぎに満ちた文化と呼ぶべきものがある。人が神の戒めに従うなら、来世における神の慈悲があり、悲しみとは無縁の天の国が待っているからだ。

裁きへの怖れと天国の希望をもつ人は、善を行い、真理に仕えようとする——たとえそうすることが、世俗の生活に不利であったとしても。

イスラム教の道徳には、家族、生活様式、労働、国家、民族間の関係など、社会のあらゆる側面が含まれているから、イスラム教徒は「政教分離」や「政治は道徳的でありえない」といったような主張に与《くみ》する事はできない。

そしてイスラム教は、人間に欲望があることも、深く理解している。ある宗教には、精神と肉体の対立という考え方がある。これによると、人間の肉体は心をしめつける殻《から》なので、その欲望を克服しなければ、清浄な境地に達することはできないという。

そうだとすると、人間は俗世の誘惑に従うか、あるいは禁欲の道を行くか、二つに一つを選ぶしかなくなる。誘惑に従えば、俗世で成功するかもしれないが、心は清らかさを失う。逆に禁欲の道を行けば、俗世の生活との間に壁を築くことにもなるだろう。

しかしイスラム教は、この種の禁欲を「肉体を殺す」こととして禁じている。このような方法では、人間は理想にたどり着けないからである。

精神と肉体を対立させるのではなく、神が与えた身体をよりよく扱えば、人の心は軽くなるはずである。

そもそも人間は、生活や俗世から逃避することはできない。むしろ社会の中で、与えられた能力や才能を生かして、精神的、道徳的な高みを目指して生きていくべきである。

❁「絶対信仰」

その高みへ向う道は、いくつかの段階がある。その中でもっとも高い段階――それは「絶対信仰」を達成することだ。それには六つの柱がある。

①アラーに対する信仰。これは唯一の神、アラーが確かに存在し、宇宙を支配していることを確信するとともに、神に奉仕し、また、神への訴えかけが可能であることを信じることだ。
②神の遣わした天使に対する信仰。
③モーゼの五書、福音書、詩篇、コーランに対する信仰。これらは、すべての神託の中でもっとも価値がある。
④神の使徒、とりわけ、最後の預言者マホメッドへの信仰。
⑤最後の審判の日に対する信仰。
⑥すべては――悪いこともよいことも――神の意志により生じると信じること。神を褒め讃え、神が定めたすべての事を受け入れなければならない。

アラーは預言者たちを人間のもとにお遣わしになり、コーランを与えて、幸福への道と、悲しみへの道を示された。人間が真実と嘘を見分け、正義と不正義を見分けることができるのは、神が判断力をお恵みになったからである。

心を清める道の第二段階は、アラーへの服従である。もともと「イスラム」とは、このような神への絶対の帰依のことである。

マホメッドは、イスラム教は五つの柱の上に立っていると言った。

①【信仰の告白】「アラーのほかに神はなく、マホメッドはアラーの預言者であることを、私は証言する」と告白することで、人はイスラム教徒になることができる。
②【礼拝】礼拝の間は心を平静にして、想念はただ神にだけ向けられていなければならない。
③【喜捨《きしゃ》】イスラム教徒は年に一度、困窮する人たちのために、所有する財産の一部を分け与える義務がある。その額は金八五グラムか、銀やそのほかの商品の価格の二・五％である。
④【断食】ラマダン月は、夜明けから日没まで飲食を控えなければならない。
⑤【巡礼】可能であれば、メッカへの聖地巡礼を行うこと。

第三の段階は、神を怖れることである。人間は地上の権力よりも、神の裁きと怒りを怖れなければならない。つまり、神はあらゆる行動を見ていると信じて生きる事である。人はアラーが好まれる事を好み、アラーが好まない事を好んではならない。そして、自分自身が罪を犯さないだけでなく、地上にあるすべての罪を根絶して、善行を広めるよう、努めなければならない。

こうした魂の浄化についての教えを、マホメッドの教友のウマルはこう語っている。

ある時、われらは預言者マホメッドのもとに集まっていると、そこへ白衣を着た黒髪の人が入って来た。誰も見たことのない黒髪の人は、マホメッドの前に腰を下ろし、その手をマホメッドの膝に置いて尋ねた。

「マホメッドよ！　私にイスラムについて話してくれないだろうか？」

マホメッドは答えた。

「アラーのほかに神はなく、マホメッドは神の使徒である事を表明すれば、あなたはイスラム教徒である。このほかに、あなたは礼拝を行い、施し物をして、ラマダン月の断食を守り、できることならメッカへの巡礼を行わねばならない」

「まったくその通りだ」――とその人は言った。周りの者たちは、突然現れた人の質問と、喜んで答えるマホメッドの様子を見て、不思議に思った。

それから、この人は尋ねた。「絶対信仰について話してくれないか」

マホメッドは答えた。「あなたは、アラー、その天使たち、その啓典、預言者たち、最後の審判の日を、そしてまた神の目から見て善であり悪であるところの物を信じなければならない」と。訪れた人は「これも正しい」と言った。

さらに「魂の浄化について話してくれないか」と彼は求めた。

マホメッドは語った。「あなたはアラーの前にいるかのように、彼に仕えねばならない。あなたが彼を見ていなくても、彼はあなたを見ている」

「では最後の時について話してくれないか」と、再びこの人は求めた。

マホメッドは「それについては、答える者よりも問う者の方がよく知っている」と答えた。

「では、その前ぶれについて話してくれ」と、なおその人は求めた。

「女の召使は自分の主人を生み、ラクダを飼う黒い裸足の牧夫たちは、たがいに競って家を建てるだろう」――とマホメッドは答えた。

そんなやりとりが交わされたあと、この人は去って行ったが、マホメッドはしばらくの間、もの思いに沈んでいた。それからウマルに向かって尋ねた。「あなたは私に質問した人が誰であったか分っただろう？」

私は答えた。「いいえ、それを知っているのはアラーとその使徒だけです」

マホメッドは言った。「大天使ジャブライルが、みずから宗教を教えるために来たのだ」


イスラム教徒の義務のなかで、告白に次ぐ義務は、一日五回の礼拝である。礼拝のたび、唯一の神アラーの前に出頭し、神への義務と、そこからの逸脱は厳しい裁きにつながると思い返す。そして人間は、祈りによって運命を和らげるよう努力する。

また礼拝とは、アラーと人間との、直接の交わりでもあり、慈悲である。

アラーは「礼拝を行えば、あらゆる罪や悪から遠ざかることができる」といい、マホメッドは「最後の審判の日に、まず礼拝について訊《たず》ねられるだろう。それを正しく行っていたならば、そのほかのすべての奉仕が行われたものとみなされるだろう。礼拝が正しく行われていなかったなら、そのほかにどんな奉仕をしていようと、立派な行いとはみなされないであろう」と言う。

偉大なるアラーは申された。「汝らは礼拝を行い、かつまた喜捨の務めを怠ってはいけない」

真のイスラム教徒を育てる第三の義務――それは喜捨である。

喜捨によって、イスラム教徒は心の罪や貪欲などを清める。同時に彼は貧しい者たちを助け、自分の生活と財産の罪を清め、自分を悪から守る。アラビア語で「ザカート【喜捨】」という語が「成長」「発展」「増大」「開花」「浄化」などといった意味をもっているのは偶然ではない。

イスラム教徒の第四の義務、それはラマダン月の断食を守ることである。断食は礼拝と同様に、人間の思考を浄化する。この月は毎日、イスラム教徒は飲食を控え、悪い言葉や行いを避け、罪深い物から自分を守る。断食は、神への怖れ、忠誠、忍耐、貧しい者たちへの慈悲などを強める。

「ラマダン月に心から精進した者の罪は清められる――断食は、地獄の炎を免れる道である」と、マホメッドはそう言っている。

イスラム教徒の第五番目の義務である巡礼【ハジ】を行うことは、信仰をゆるぎないものにし、精神的理想の最高段階に達する助けとなる。預言者アブラハムによって建立されたカアバ聖殿や、預言者マホメッドに縁のある土地を訪問して、世界のあらゆる果てからやって来たイスラム教徒の同胞と出会う道のりは、信仰する者の意識に非常によい効果を与える。信者は、その目ではっきりと預言者マホメッドの共同体の偉大さを確信し、同志である他民族のイスラム教徒と交際し、共に神への集団奉仕を行うだろう。

マホメッドは申された。「隣人を中傷せず、罪を犯さず、巡礼を行って生き永らえる者は、生まれたばかりの赤ん坊のように、罪の汚れがない」

チェチェンのイスラム教団

さてチェチェンでは、イスラム教のスーフィー教団が普及し、なかでもナクシュバンディー派とカーディリー派という、大きく分けて二つの教団が広まった。また、そこに関わる聖職者によっても、祈りの仕方と神の御名の唱え方が違っている。

例えば第Ⅵ章に登場したシェイフ・クンタ・ハジは、礼拝に新たな言葉を加えた。礼拝のあとに、自分たちの信条を三回唱えた上、「アラーのお許しを請《こ》い奉る」という言葉を一五回唱え、「アラーのほかに神はない」という言葉を百回、預言者マホメッドを讃える言葉を五回唱え、そして最後に、神の御名を百回讃えて、祈りを終えるというもので、これは後述するカーディリー派の祈り方だ。

また、ユスプ・ハジ・コシケリジンスキーという聖職者が加えた言葉は、礼拝のあとに「アラーのお許しを請い奉る」を一五回唱え、コーランの章節「清め」を三回、コーランの第一章節を一回唱えた上で、「アラーのほかに神はない」という言葉を百回、預言者マホメッドを讃える言葉を五回唱え、毎朝の礼拝のあとでは、アラーの御名を千回唱えるというものだった。

神の名を繰り返し唱えるのは、それだけ多く神を思い起こし、近づく悪魔を御名によって追い払い、心にある不浄なものを清める意味がある。

・ナクシュバンディー派

この派の名前は、中央アジアの僧、ナクシュバンディー（一三一四年〜八九年）にちなんでいる。チェチェンに伝来したこの宗派の普及につとめた最初期の人物としては、第Ⅵ章で触れた、十八世紀のアルドゥイ村のウシュルマが挙げられる。ウシュルマは、それまでの異教の風習を絶やして、イスラムに従って生活を築くように人びとに訴えた。

時代は下って、一九世紀のはじめ頃に北コーカサスでは、二人のダゲスタン人のイスラム教学者——マホメッド・アリ・ヤラグと、ジャマル・エジン・アリ・カズィクムフが、ナクシュバンディー派の普及に力を入れていた。

二十世紀のはじめ、メッカの聖職者で、マホメッドの子孫であるジャマルイラは、バイベタル・ハジの求めに応じて、三人の息子をチェチェンに派遣して住まわせた。これによって、チェチェンのイスラム信仰はさらに高まった。

チェチェンに住むようになったマホメッドの子孫たちは、紛争を解決し、血の復讐に関わった者たちを仲直りさせるなど、活発に活動した。この三兄弟の子孫たちは今も私たちの中で生活し、祖先たちと同じように、信仰のために働いている。

バイベタル・ハジの教団は、その息子のユスプ・ハジが引き継いだ。彼はソビエト政府が確立する直前まで布教に尽力し、トルコに移住して亡くなった。

・カーディリー派

カーディリー派の名は、バグダッドに住んでいた偉大な聖職者カーディリー（一〇七七年〜一一六六年）にちなんでいる。

チェチェンを含む北コーカサスで、最初にカーディリー派の伝道者となったのはクンタ・ハジであった（第Ⅵ章「クンタ・ハジ」の項に詳述）。

彼は、コーカサス戦争が終結に近づく一八四〇年代末から、一八六四年に帝政ロシア政府に逮捕されるまで、チェチェンとイングーシでの布教に従事した。

カーディリー派はナクシュバンディー派と違い、神の賞賛と奉仕を、大声で誰にでも聞こえるように唱え、【ズィクル】（輪を作って連祷《れんとう》すること）を行う。

神と自分の結びつきを強め、心から悪魔を追い出すための「ハルバート」と呼ばれる儀式もあった。これは、修行する者が地下室に降り、そこで最小限の食物と水だけを摂《と》りながら、暗いランプの光の下で絶えず礼拝し、コーランを読むというものであった。

聖職者たちはこうして、物質的な満足を求めず、必要な言葉だけを述べ、ひたすら自分を堕落から守る試練を続けたものだった。重要なのは心の糧《かて》であり、肉体の糧にはほとんど頓着《とんちゃく》しなかった。

傲岸不遜《ごうがんふそん》の心をもたないことも、その人びとの特長だった。

例えば、ある人がドーカ・シェイフという聖職者に送った手紙の中で、彼のことを「兎《うさぎ》であり、鶏《にわとり》である」と罵《ののし》ったことがあった。

しかしドーカ・シェイフは少しも憤《いきどお》らず、こう書いて答えた。
「兎と鶏は人間に肉を供し、そのうえ鶏は卵も生んでくれる。彼らは人間の役に立っているのに、私は彼らの役には立っていない。私を動物たちと並べたりしないでほしい」
このような謙虚な返事を受け取って、自分の行いを後悔したその人は、シェイフの許《もと》にやって来て、許しを請うたという。

❁宗教と詩が育てたチェチェン語

また、聖職者たちは、アラビア語やチェチェン語による宗教書を出版した。特に、チェチェン語をアラビア文字で書いた書物には大きな意義があった。わかりやすいチェチェン語によって書かれた著作によって、新しい宗教用語が生まれ、チェチェン語の使われる場が広がり、人びとの読み書きの能力も向上したのである。

シャリ出身の著名な聖職者であるスガイプ・ムルーラもその一人だ。彼は、単語だけでなく慣用句の訳まで収めた高度なアラビア・チェチェン語辞典を出版し、宗教詩も創作した。

詩は、葬式や追善供養など、人びとの集まる儀式の時に朗読されるものだった。ここで、そのような詩の一つを引用してみよう。

悲しみに満ちたこの世で　お前は喜んでいる

明日は身の上に何が起こるか分からないのに
われらの神がお与えになる死は　お前には秘められている
誓約を受け入れ　神の許《もと》へ帰る支度をせよ

お前の肉体は　もう知らせを受け取っている
お前の頭の髪は白くなった
死がお前を眠りにつかせる前に
誓約を受け入れ　神の許へ帰る支度をせよ

お前は世の誘惑の道を歩んでいる
満腹せず　満足せず　自分を自由であると感じる事なく
どれほど多くの若者たちが　お前の存命中に去った事か
誓約を受け入れ　神の許へ帰る支度をせよ

死はお前から手の届く距離にある
墓はお前から　わずか一歩の距離にある
思い悩むことなく

誓約を受け入れ　神の許へ帰る支度をせよ

偉大なる神の　裁きの時が来る時
お前の目の光を白雲が覆う時
お前の悔恨はもう役に立たない
誓約を受け入れ　神の許へ帰る支度をせよ

行わなかった礼拝を思って　心に泣け
禁制の物に伸ばした手を止めよ
神を讃えて涙せよ
誓約を受け入れ　神の許へ帰る支度をせよ

兄弟と別れ　お前は悲しみを抱いて残された
青春時代と別れ　お前は傷ついた心を抱いて残された
結果をもたらさぬこの世で　お前はどんな栄達を求めるのか?
誓約を受け入れ　神の許へ帰る支度をせよ

お前がここで過ごすのはあとわずかな時間だけ
大いなる悲しみを　お前は自分の首にかけた
舌が動かなくなる前に
誓約を受け入れ　神の許へ帰る支度をせよ

礼拝を行って　偉大なる神に訴えよ
われらの神の預言者に　神の恵みを願え
お前が受け入れた聖職者に耳を傾け
誓約を受け入れ　神の許へ帰る支度をせよ

このような宗教詩が、心のこもった美しい声で朗読されるのを聞いて、人びとはあらためて神への奉仕に励むのであった。

またこの詩からは、チェチェン人が詩の韻律を東方諸民族の詩によく学んでいることがわかる。

こうした著作を通してチェチェン語の標準語が形をなしてきたのだが、その基礎になったのは、チェチェン平地にあったプロスコスト方言であった。山岳に住んでいた聖職者たちも、この平地の方言を使って書簡や宗教詩を書いていた事が明らかになっている。

こうした言語の統一の作業が、結果としてチェチェン人に、共通の宗教と、誰でも理解できる言葉を与え、民族のアイデンティティーを形成したのだった。

❁聖職者たちの群像

聖職者たちは「許されている事」と「禁じられている事」を、厳しく区別した。例えば、クンタ・ハジにまつわる、こんな伝説が残されている。

ある時、クンタ・ハジがトウモロコシ畑の草取りをしていると、信者たちが手伝いにやって来た。そして農作業のあと、クンタ・ハジは信者たちが草取りした場所に目印をし、そこから得られた収穫は、すべて喜捨に差し出した。実際に自分が働いて得たもの以外、取ろうとしなかったからである。

ある詩には、クンタ・ハジがこういう事にどれほど厳しかったかが語られている。

牛が他人のトウモロコシを食べたなら
その食い物が胃に落ちる前に喉《のど》を掻き切ってしまうように
クンタ・ハジは私たちに教えた——

また、クンタ・ハジは名声を求めたり、みてくれをよくしようとはせず、信者たちにもそう教えた。

例えばある信者が、頭にターバンを巻きたいと言ったので、クンタ・ハジはこう助言した。

「まず心にターバンを巻いて、罪や過ちから救われるようにしなさい、そのあとでなら頭にターバンを巻いてもいい。あなたが神のためにではなく、人びとに褒められたいがためにターバンを巻くのなら、よいことは何もないだろう」

また、ウルス・マルタンのソルサ・ハジという聖職者は、信者たちをよく働かせたことで有名だった。これをもってソビエト時代の研究者たちは、ソルサ・ハジが「信者たちから搾取した」と主張していたが、事実に反する。

ソルサ・ハジは、集団労働を通して、道徳の基礎を身に付けさせようと努力していた。彼らは聖職者の土地だけでなく、貧しい者の土地でも同じように働いて、収穫を共にしたのだった。

彼ら聖職者は民族の教師であり、豊かな才能に恵まれた人たちであった。病人を助け、鋭い観察力によって、他人の考えを見通していた。ソルサ・ハジの教団の信者だったバラ・ババーエフは、一九九八年の春に、父親から聞いた話として、私たちにこう話した。


断食の月のある暑い日のことだった。わしらは、疲れていた上に、喉《のど》も渇いてしかたなかった。そこで、友だちと連れ立って、涼をとるために川に行ったんだ。

わしらが水に浸かって涼んでいると、馬に乗ったソルサ・ハジがやって来て、一緒に来ていたチョーラという若者に、こう聞いた。

「チョーラ！　水はまだ残っているかね、どうだね？」

チョーラはばつが悪そうに笑いながら「残っていますとも」と答えた。

「喉の渇きには皆が苦しんでいるのだよ、チョーラ、少しは我慢しなさい」と、ソルサ・ハジは咎《とが》めて去って行った。

チョーラはわしらに「実は水に潜っている時、つい何口か水を飲んでいたんだ」と告白した。ハジは、わしらと一緒にいなかったのに、そのことを知っていたわけさ。


民衆を災難から守るのも、聖職者たちの義務だった。例えば、一九三〇年代にソビエトの軍隊がソルサ・ハジとビールゥ・ハジの二人の聖職者の引き渡しを要求してウルス・マルタンの村を包囲した時も、この二人の聖職者はみずから権力に降伏した。引き渡さなければ村を完全に破壊するという脅しがあったから、犠牲を出さないために。

こうした聖職者たちがこの世を去ってから、長い歳月が過ぎた。その間に、彼らの行いが戒律に矛盾していると語られる事もあったし、その時々の人びとの都合のよいように解釈されることもあった。

しかし一九一三年頃、クンタ・ハジの娘エセトが、はるばるトルコから、チェチェンとイングーシにやって来て、多くの村々を訪ね、父について語った。

この時のことを、アブドゥル・カヒルという信者から聞いたことがある。カヒルは若い日に、父親やほかの信者とともに、エセトの話を直《じか》に聞いたのである。エセトが、ニージニエ・バランドィ村で信者たちを前に語った日から、じつに八〇年以上が過ぎた一九九七年のことであった。エセトはこう語ったという。

「私の父であるクンタ・ハジは、三度、夢に立ってこう言いました。

『チェチェンに行き、信者たちに伝えよ。

あなたたちに、戒律の言わんとすることだけを伝えよう。ある者たちは、私が口にした言葉のごくわずかなところを用いて自己弁護をし、戒律を守るのを怠っている――いつまでもそうするなら、私は教団を取り上げ、私はあなたたちの聖職者である事をやめる』

父がそう言ったので、私はこうして来たのです」

この話のあとで、村の聖職者であるアブドゥル・ケリム・ハジは立ち上がってこう言った。

「バランドィの衆よ、クンタ・ハジの娘さんの話を聞いたか？　あなたたちは聖職者の言葉にかこつけては戒律の実践を拒み、何度も私を悲しませた。あなたたちの今までの行いを、私は心から許すけれども、これからは気をつけてほしいのだ」

イスラム教の聖職者たちは、チェチェン人の信仰を強めるために、なみなみならぬ努力をしてきた。強制ではなく、信仰の光を明らかにする美しい言葉と、賢明な教訓によって。誰しも、力で押し付けられたものを素直な心で受け入れることはできないし、心の内で不信をもちながら、うわべだけ儀式に従う偽善は罪が重い。

当時、ほとんどのチェチェンの村落にはモスクと付属学校が開かれており、ウルス・マルタンやシャリなどの大きな村落には、より高等な学校が開かれ、いっそう深い教育が行われていた。

黄金時代

一八四〇年ごろからほぼ百年の間、聖職者の活動が活発な時期があり、新しい社会の姿が作られてきた。イスラムにのっとった共同体の時代である。

この時代に、夜間の集団礼拝が恒例となったが、これは定められた日の夜（ナクシュバンディー派では金曜、カーディリー派では月曜と木曜）に集団礼拝やコーランの朗読などを行うものだった。

この時代には、チェチェン全体で一五人ほどの聖職者がそれぞれに教団を創設し、さらに村ごとにイスラム教の専門家が住んだ。この専門家たち同士も尊敬しあい、張り合うことなく知識を分け合った。

例えば、イルマン・ジャナラリエフという研究者が書いたものによれば、ガズィ・ハジ・ザンダクスキー（第Ⅱ章「正義と忍耐」の項に詳述）は、グニ村の信者たちに「今、この村にはクンタ・ハジという聖職者が住んでいるから、私ではなく、彼に誓いを立て、ついていきなさい」と言った。

そのクンタ・ハジは、若い日のバイベタル・ハジからも「自分の誓いを受け入れて欲しい」と頼まれたが、それにはこう答えた。

「バイベタル、あなたはいずれ聖職者になって、多くの人びとの誓いを受け入れるようになるから、家に帰ってその時を待ちなさい」と。やがて実際にそうなった。

クンタ・ハジはさらに、デフカル・アウルという土地から来た信者にこう言ったそうである。「家に帰りなさい。やがて村に聖職者が来る。あなたはその人に誓いを立てるに違いない」と。

その信者は訊ねた。「その人とどうやって知り合えるのでしょうか？」と。

「村の家々の庭を注意深く見るがよい。そのうちの一つに、あなたは花の咲いている木を見つけるだろう」とクンタ・ハジは答えた。そこでこの信者が帰宅して村を一巡してみると、ドーカという人の屋敷で花の咲く木を見つけた。この信者はドーカを自分の聖職者として受け入れ、誓いを立てた。

一九一四年に刊行された『クンタ・ハジのタルジャマト・バ・マカラチ』（テミル・ハン・シューラ印刷所）によると、クンタ・ハジは、信者たちの大事な義務の一つとして「あらゆる聖職者を等しく尊敬すること」を挙げている。

私たちの見るところでは、聖職者たちが互いに丁重な態度をとったことによって、民衆同士もお互いにイスラム教徒らしく接するように変わっていったのである。預言者マホメッドがこう言ったように。

「互いに愛をもって接しなければ、宗教を受け入れた事にはならない」

聖職者たちのこのような啓蒙を疑問視するのは、私たちの精神文化を傷つけ、間違った道を行こうとするようなものである。

いかなる国も、そこに清廉さや知恵、理想を体現する人物がいなければ存立できない。その貴重な人びとの行いを忘れたり、何もかも否定してしまえば、民族は牧夫のいない家畜の群れと同じになり、邪悪な勢力に利用されて滅亡するだろう。

二十世紀、チェチェンには革命が襲いかかり、民族が強制移住され、戦争が起こり、私たちはさまざまな抑圧を蒙った。

けれども聖職者たちが生きて活動した過去は、「チェチェンの精神文化の黄金時代」として記憶されるだろう。チェチェン民族は、その苦しい年月の間も、道徳的な高みへの道を歩こうと努力してきた。だから私たちは言いたい。これもまた「黄金時代」だったのだと。

❁民族語という「鍵」

コーランは民族というものについて、こう述べている。「皆の者、神は汝らを男と女に分けて創ったように、お互い同士よく知り合うように民族と人種を創った。その中で一番敬虔《けいけん》な人間が神に近い」と。こうして、この地球上の人間は、神によって、その住まう所、言葉、慣習、衣服、生活様式が定められている。

しかしどの民族であれ、神へ奉仕し、清らかな心を目指すことが何より大切な理念のはずである。

この「お互い同士よく知り合うように創った」というくだりからは、言語、考え方、伝統など、ある民族と別の民族と区別する要素こそが、その民族の独自性を決定しているという事が読み取れる。

こうして与えられた独自性を粗末にしてはならない。例えば、神がお与えになった民族の言語を忘れてしまうのは、神のお叱りを免《まぬが》れまい。

そう、民族語こそが、神の至高のお恵みなのである。祖先から受け継がれて来たチェチェン語があるから、私たちは民族の古代史を学ぶ事ができる。それは、民族語こそが、その民族の歴史と生活の源流を解読する鍵だからである。

チェチェン語には、ある特徴がある。それはひとつひとつの音《おん》が意味をもつ、すなわち各音が、単語と同様の意味をもっている事である。例えば、a（短いア）という音は「病気」を意味し、dは動詞あるいは「……である」の意味をもち、gは「小枝」か「何かを見かける」を意味し、jは「羊」、iは代名詞、tiは「動物の前脚」、uは「木材」または「伝染病」といった意味をもつ。

要するに、音《おん》はたった一つでも独自の意味をもっていて、それに別の音を付け加える事によって新しい意味が生まれ、単語になる。チェチェン語は短い単語からなっているから、これによってチェチェン語がほかの言語の単語の意味を解釈する可能性が生まれる。

おそらく遠い昔、世界にはたった一つしか言語がなく、今見るような多様な言語は、これを基礎にして発生した。例えば英語のように、基本言語からかけ離れて発達し、豊かな文学と科学を生み出した言葉もある。

だが、チェチェン語には言語の発展をうながす文字と、文字によって書かれた文学作品がなく、何千年もの間、山岳地帯で孤立していたために、たった一つだった頃の言語の数多くの単語が保存されているのではないだろうか。

◇エピローグ——チェチェン人を鼓舞するもの

人は誰しも、神への奉仕によって恵みを受け取っている。だから時を浪費せず、ひたすら神の祝福を受けるように心掛けるべきである。ことによったら、この世界は、瞬《まばた》きをする間もなく消滅してしまうかも知れない。それなのに俗世のあれやこれやに振り回されてしまうと永遠の生命について考えることはできないし、それではより良く生きることはできない。

私たちチェチェン人の祖先は、ピラミッドのような巨大建造物を残したりせず、他国を侵略したり、物質的な富をかき集めようともしなかった。これまで述べてきたように、祖先の努力は人と人との間の関係をよくすることに集中されていた。

彼らは人格を尊重したが、個性を一番に評価するのではなく、高潔さと気前の良さで抜きん出ようとした。個人の自由と、自由な物の考え方を守り、これを侵害しようとする敵が現れれば、いつでも撃退する覚悟があった。

どんなに困難な時代が来ても決して意気消沈せず、生まれた土地に生きることをあきらめず、信仰とともに生きて働き続け、共同体を作って団結した。

彼らは世界の支配などという、いつかは手中から消え去るものは目指さなかったし、それが不可能な事を知っていた。瞬く間に流れ去っていく「時」にどれだけの価値があるかを知っていたから、善行と道徳に生き、質素な暮らしに甘んじた。

時間――それは三日間しかないという
昨日　今日　そして明日
昨日は残らず過ぎ去った
それを取り戻す事はできない
今日――それはお前の手中にある
だが明日は　お前自身がいるかどうかも分らない

だから、この今日という短い時間のうちに、互いの尊敬を呼び起こすような高潔な事だけをしようとする――それが、祖先たちの道である。この道を見失ってしまえば、もう私たちは真のチェチェン人とは言えなくなるだろう。

ほかの民族のある人が、チェチェン人についてこう評したそうだ。
「チェチェン人には、高所がない。そして穴もない（優秀な者たちの登用の道がなく、悪い者たちを入れる監獄もない）」

そうではないということを、私はこの本で伝えてきたつもりでいる。チェチェン人には、最良の人たちを見分ける力があった。彼らには尊敬の高所と断罪の穴が存在した。高所とは、民衆が与えた輝かしい名声であり、穴は、悪事をした者への呪いの宣告である。

チェチェン人を鼓舞する方法は勲章や金銭ではない。罰する方法は、監獄や体罰でもない。ウェズデンゲルを生きようとすること、そして、その生き方が高く評価されたことだ。そこにこそ、チェチェン人の独自性があった。

だが今日、私は胸を張ってこれを語ることができない。率直に言えば、私たちはかつての高みから転落したのである。私たちの新しい義務は、改心してもとの道に戻ることだ。そのために努力しなければならないのは私たちの方であって、私たちを取り巻く状況の方が変わることを期待するのは、おかど違いというものだ。

チェチェンには、強制を必要としない国家制度があった。社会が権利と公正さを重視するようになるとき、この制度は再び立ち現れるだろう。

私たちは、この本によってチェチェンの青年たちがウェズデンゲルを知り、祖先を忘れず、信仰とウェズデンゲルに立脚した生活を打ち立てるための一助になることを切望している。

神に願います。

この本を、あなたを称《たた》えた労作とお認めになりますように、そしてイスラム教徒みなに、この本から得るところがありますように。

もしも私の気がつかぬ誤りがありましたら、アラーよ、どうかお許しください。

全知全能の神に捧げます――

アラーに栄光あれ。

訳者あとがき

私が「チェチェン」という言葉に注目したのは、一九九一年の暮れでした。

当時、最高会議議長だったエリツィンがロシア大統領になり、後任の議長にハズブラートフが就任した事が話題になっていました。ちょうど私が、貿易の仕事でモスクワに出張していた頃で、仕事のあとの雑談の際に、ロシア人の一人が「ハズブラートフはチェチェン人である」と言ったのを耳にしたのです。

私はチェチェンとはどこにあるのかも知りませんでしたが、このときの「チェチェン人」という言葉が、どのような意味を伴っているのかに関心をもちました。

その後しばらくして、NHKの外国テレビニュースの紹介で、ロシアの空挺部隊が最初にチェチェンのグローズヌイに派遣された模様が流されました。

かいつまんでその状況を紹介しますと、まず輸送機の尾翼の下にタラップが下がり、機内から二十人ほどの兵士が降りてきました。そして一列縦隊に整列してから行進して行きました。もちろんテレビが撮影できる状態ですから、戦闘がはじまるというような緊迫した雰囲気ではありません。ただこの映像に続いて、今度は逆に緊迫した様子の兵士が一列になって早足で戻ってきて、立ち止まりもしないでタラップを駆け上がって行きました。

この二つの映像の時間の間隔は明白でないのですが、ロシアの軍事行動のはしりという意味で重要なシーンです。チェチェンに派遣されたロシア軍部隊が、ただちに武装したチェチェン人に追い返される図でした。

その後も、私とチェチェンとの関わりは続きました。十年ほど前に、ある場末の映画館で『金色の雲は宿った』という、チェチェンを題材にしたソ連時代の映画が上映されているのを知り、日本でチェチェンの支援をしている人びとに紹介したら、大変喜ばれて何度も自主上映会が催され、多くの人に見てもらう事になり、私にも嬉しいことでした。ちなみにこの映画の原作は、三浦みどりさんの翻訳で『コーカサスの金色の雲』（群像社刊）として出版されています。

さらにその後、アメリカで世界サンボ大会が開催された時に、その優勝者がチェチェン人だという小さな新聞記事を読んだことがあります。この人はアメリカに亡命中だったのですが、ロシア人として出場しました。この優勝者が、天野隆司さんが翻訳された『誓い　チェチェンの戦火を生きたひとりの医師の物語』（アスペクト刊）の著者のハッサン・バイエフだということを天野さんご本人から伺って、その偶然にも驚かされました。

ところで、イラクでの正義なき戦闘と同じように、チェチェンにおいても不正義の殺戮が行われています。この書からは、チェチェン人の抵抗の源泉となっている行動様式についての理解を深める事ができると思います。

この本を読み進めてみると、チェチェン人の考え方には、老人を敬うという東洋的な面もあり、自分を高めるためにはまず良き家庭人でなければならず、徐々に周囲の尊敬を得て行くべきだともいい、論語の「終身、済家、治国、平天下」の考え方と共通点があるという事は、意外な発見でした。

一方ではイスラム教がチェチェン人の心に深く根付いている事もよく分かりました。そして血の繋がりと復讐とは一体となってはいるものの、復讐よりも神の審判を重く見るという考え方もあるのも新発見でした。

そもそもソビエト連邦の崩壊の時、ロシア社会主義連邦共和国領域内にあった一六の自治共和国と自治州のうちの四州がロシア共和国と並ぶ共和国に昇格しました。そしてロシア共和国との連邦条約に調印して、ロシア連邦を構成することになりました。ところが、タタールスタン共和国とチェチェン共和国はその調印を拒否しました。それが原因でチェチェン共和国はロシア軍の進攻を受けました。このロシアの対チェチェン軍事行動は西欧諸国の非難の的になりました（一方タタールスタン共和国は、連邦条約に調印しないまま、ロシア連邦の一員になりました）。

チェチェンの戦場には、旧ソ連旗を掲揚しているロシア軍部隊がいるという、不可解な写真を見たことがあります。

この戦争に関して、一九九九年一一月四日のアメリカ上院外交委員会の公聴会において、ソ連時代のノーベル賞受賞者であるサハロフ博士の未亡人、エレーナ・ボンネル夫人は「第一次チェチェン戦争はエリツィンの再選のためであり、第二次チェチェン戦争はプーチンの名声を高めるためのものである」と証言しています。

さらにこの場で「チェチェン側はロシアとの和平交渉を希望している」という、当時のチェチェン共和国大統領マスハードフからのメッセージも明らかにされましたが、ロシア側はかたくなに交渉を拒否してきました。

THE SECOND CHECHEN WAR

Statement of Elena Bonner for The Senate Foreign Relations Committee

November 4, 1999

The main cause of the second Chechen war must be sought in particular features of the current Russian political scene. The first war was needed in order to reelect President Yeltsin. This war is needed to raise the standing in the polls of the current prime minister, Vladimir Putin, whom President Yeltsin has publicly endorsed as his chosen successor.

(note) She started her testimony by telling the senators that a few hours before she spoke with the

President of the Republic of Chechnya , Maskhadov, who repeated, once again , and asked her to transmit it to the senators, that he is willing, immediately, to enter into negotiations and dialogue with the Russians to stop the war. That introduction was especially important coming after Mr Sestanovich had read from his prepared testimony that " Unfortunately , neither the Russian government nor Chechen leaders have shown much interest in such a dialogue…".

ニューヨークタイムス紙は二〇〇〇年二月八日の社説でこう述べています。「ロシアのチェチェン侵攻はテロ対策ではなく、第一次チェチェン戦争の復讐である」つまり、第二次チェチェン戦争はチェチェン側が仕掛けたというロシア側の説明は国際的には通用していないことが分かります。

これに加えて、ワシントンポスト紙の〇二年九月六日の社説は「チェチェン側の反攻が国際的に報じられているのに、プーチンはチェチェンでの紛争はないと強弁しており、各国首脳もこの問題に触れようとしていない」と述べ「世界はこの問題の真実を追及すべきだ」と主張しています。

一方においてはロシアによる「チェチェン人＝テロリスト」という宣伝も根強いものがあるのも事実です。今でもほとんどのロシア人はそう信じています。第二次チェチェン戦争の時には外国でも多くの人がそう思っていましたが、年月が経つに従っていろいろな情報が明るみに出るようになり、公平な考え方が広がってきたと思います。

特に、ロシア国内で内部告発をする人たちが暗殺される事件が次々に明るみに出るにいたって、ロシアの宣伝は虚偽であるという確信が強まっています。

本来、コーカサス山岳民族はロシア帝国から独立していたので、ロシアの南下政策には強く抵抗してきました。

古くはプーシキンの『コーカサスの捕虜』、下ってはトルストイの『ハジ・ムラート』に見られるように、抵抗する民族に対する同情的な見方が、インテリ層には存在していました。

チェチェンの現状は、本書で説かれているような過去の理想郷とはかけ離れたものであり、このような状況を招いたプーチンの評価は、スターリンと同様、彼の死後でなければ確定されないでしょう。ゴルバチョフでさえ、プーチンについては曖昧な発言しかしていません。

この本が、人類史上例を見ないような虐殺に見舞われたチェチェン人が、どのような伝統文化をもった民族なのかを知る手がかりになり、ひいてはコーカサス地方全般の文化に関心が高まる契機になる事を期待しています。

著者のムサー・アフマードフ氏は、チェチェン精神の復興をめざして尽力されています。この目映いばかりの情熱が、一日も早く実現される事を願って、筆を擱《お》きます。

二〇〇九年一月

今西昌幸

【資 料】

- ◆ チェチェン共和国・イチケリア憲法（1992年）
- ◆ ハサブユルト合意（1996年）
- ◆ 平和と相互関係に関する条約（1997年）
- ◆ チェチェン共和国・ノフチーン憲法（2003年）

◆資料——解説

資料編に収録したチェチェン共和国憲法などのドキュメントについて、ここでは概略を解説しておきたい。

一九九一年にチェチェンが「独立」を宣言したことはすでに述べたとおりだが、その後、九二年に入って独自の憲法が制定された。それが「イチケリア憲法」として収録している法律である。これが、チェチェン独立時代（一九九〇年代）の基本法規であったといえる。

そして一九九四年から九六年の第一次チェチェン戦争でロシア軍は敗北を喫し、チェチェン政府とロシア政府は、「ハサブユルト合意」（二八七ページ）を結んだ。この合意によれば「ロシアとチェチェンの相互関係は、二〇〇一年末までに定められる」としている。つまりチェチェン独立問題を、五年間棚上げしたのである。

あけて一九九七年一月に「イチケリア憲法」によって行われた大統領・議会選挙で、対ロシア穏健派のマスハードフが大統領に選出された。そして次に登場する文書が、ロシア・チェチェン平和条約である。「ウェズデンゲル」でも何度か言及されるロシアとチェチェンとの歴史的対立について、「数世紀にわたる敵対関係の終結」をめざして合意されたものだと前文にある。

この条約はチェチェンの地位についての言及を避けたものではあるが、今後ロシアとチェチェンは決して武力によって紛争を解決しないと明言したものであり、この条約が守られてさえいれば、第二次チェチェン戦争を避けることができたはずである。敵対関係の終結を謳った点も含めて、きわめて貴重な文書であることは言うまでもない。

エリツィン・プーチン政権は、この条約もマスハードフの地位も否定してチェチェン侵攻を開始し、ついに二〇〇三年に入って、チェチェンがロシアの一部であることを認させるために新しい憲法案の国民投票を行った。これが二九〇ページからの「ノフチーン憲法」である。

戦争の最中に行われた、この疑わしい国民投票は、公式発表では投票率八九％、うち賛成九六％という圧倒的な「支持」を得て、この憲法案がチェチェン人に選択されたことになった。

しかし、欧州安全保障協力機構などが監視活動を見合わせたため、この国民投票には国際的な監視団は入らなかった。また、複数の人権団体の報告によれば、投票所にはほとんど人が来ず、テレビカメラが入る場所だけは大勢の人が集められていた。さらに、隣国イングーシに設けられていた投票所では、名簿上の有権者数の倍近い投票数があるなど疑問点も多く、この国民投票の信頼性は低い。

ロシア政府によって押し付けられた「ノフチーン憲法」は、「イチケリア憲法」からすれば、さまざまな面でかなりスケールダウンした内容であるといっても、過言ではないと思う。

なお、これらの資料の翻訳も今西昌幸さんによるものである。

（大富　亮）

◆チェチェン共和国・イチケリア憲法

【一九九二年三月制定　一九九六年一一月、一九九七年二月に改定】

チェチェン共和国国民は、
チェチェン民族の希求するところを体現し、
ヒューマニズムの理想と公正な社会構築の目標を指針とし、
現在及び未来世代の同朋に対する強い責任に立脚し、
あらゆる民族と人種の権利と利益を尊重し、
チェチェン共和国が独立した主権国家であることを宣言し、
自らを諸国民世界共同体の平等なる一員と考えて、
神の意志により本憲法を制定し、
今後はこれを社会及び国家の基本法とする。

第一章　立憲体制の基盤

【第1条】 チェチェン共和国はチェチェン民族の自決の結果樹立された、独立した主権を持つ民主主義的法治国家である。自国の領土及び資源に関しては究極の権限を持ち、自国の対外及び対内政策を独自に決定し、国内において最高の威力（supremacy）を持つ憲法及び諸法を制定する。国家主権とチェチェン共和国の独立は不可分にしてゆるぎないものであり、国権機関の権限に付属するものではない。

【第2条】 チェチェン共和国国民は国家におけるあらゆる権力の唯一の源泉である。国民は自らのものである主権を直接、および国民が設立した立法、行政、司法権各機関の体系を通じて、あるいは自治体機関により行使する。

国民の一部、もしくは団体、個人はいかなるものであろうと本邦において権力を私有することはできない。不法な権力奪取は重大な犯罪である。

代議制機関の選挙に当たっては、普遍、平等、直接の選挙権を原則として、自由な候補者推薦と秘密選挙により行使する。選挙で代表を選出するあらゆる機関及び公務員の任期、並びに行政機関及び司法機関形成の手続は本憲法および諸法に定める。

【第3条】 人は最高の価値であり、国家の政策の主要な目的である。チェチェン共和国は人の権利を尊重し、これを保護し、個人が自由に成長するための平等な機会を確立し、社会的公正と個人の保護を保証する。

チェチェン共和国においては人間の権利は、広く受け入れられている原理と国際法の基準に従ってこれを保証する。

【第4条】 国家、その諸機関、公務員は社会の一部でなく、その全体に奉仕する。国家は社会的公正、国民の合意と平和の原則に基づき、チェチェン共和国のあらゆる社会階層、グループ、人種及び民族の団結を助成する。チェチェン共和国は民主主義を政治的、思想的多元主義に基づいて実現する。

政党並びにその他の社会的連合組織は憲法の範囲内でこれを設立し、活動する。人種、民族、社会、宗教、階級の敵対関係を煽り、立憲体制の抑圧と打倒を標榜する政党及びその他の社会的連合組織は禁止する。

国家機関、軍、国営企業、教育機関における政党の創設とその活動は禁止する。

政党組織の決定は国家の機関、団体、企業及びそれらの職員が職務上の義務を果たすに当たっては、これに強制力を持ってはならない。

チェチェン共和国の国教はイスラム教である。本邦においては個人のものの見方や信念の尊重、宗教的儀式執行の自由を保証する。

公共団体、宗教団体、政党、政治勢力登録の手続は法律に定める。法律に定める手続で登録を済ませた政党、政治勢力、社会的連合組織、宗教団体は法人としての権利を有し、所有する施設その他の資産および資金を自由に使用し、処分できる。

あらゆる個人、社会的連合組織、マスコミは国家の権威を強固にし、その標章及び象徴に敬意を表する責務を負う。

【第5条】 国家とその全ての機関、公務員は法律及び立憲体制の制限のもとにある。

チェチェン共和国においては他の全ての法令に対する憲法及び法律の優位性が確立している。憲法の条文に違反する法律及びその他の法令は法的効力を持たない。公式な発表により周知しなかった法令は国民を拘束せず、裁判所はこれを援用しない。憲法の規範は直接的効力を有す。

立法、行政、司法権はチェチェン共和国においては分立しており、それぞれの権限の範囲内で独自に、あるいは他と関連しながら、またお互いに調整しながら機能する。

【第6条】 外交政策においては、チェチェン共和国はそれぞれの国の権利および自由を尊重しつつ、広く認められた原則と国際法の基準に従う。全人類的価値観に基づく誰もが認める公正な世界と、全ての国との緊密かつ実務的で、互恵的な協力関係を目指す。

チェチェン共和国は法の支配を基調にした国際社会の拡大を支持しており、国際機関、集団安全保障体制、国家間共同体に加盟することができる。

【第7条】 マスコミの検閲は行わない。マスコミは情報公開の条件下で業務を行う一方、憲法及び法律の侵犯に対しては責任を問われる。

国家機関、社会的連合組織、政党、グループ、個人によるマスコミの独占化はこれを排除する。マスコミ設立の手続、その権利と義務及びその責任は法律に定める。

【第8条】チェチェン共和国は国民及び勤労者の経済的自由、所有形態の多様性、並びにそのそれぞれにつき法的保護の平等を保証する。国民及び勤労者の経済活動につき、その自由の限度は公共の利益の観点から法律にこれを定める。

【第9条】本邦では所有形態は個人所有と国家所有に分類する。土地、その地下、地上空間、水、自然の状態で生息する植物及び動物は奪うことのできないチェチェン共和国国民の財産である。これを個人、企業、機関、団体の所有及び利用に帰する場合、公共の必要性と利益を考慮し、法に従ってこれを定める。

所有の種類と形態に係わる法規制は法律に定める。

【第10条】チェチェン共和国国民の個人所有物は個人の財産であり、それぞれの考えによってこれを利用する。

個人もしくは個人のグループが所有する個人企業の業務は法律に従って行う。

公共の利益のため個人企業の活動の一部を法律により禁止し、もしくは制限することができる。

【第11条】人々の健康を守り、正常な生活条件を達成するため、国家は土地、地下、環境保護に必要な手段を講ずる。

【第12条】チェチェン共和国は人道的な人口移動政策を取り、母性と児童を保護し、国の社会的核としての家庭に必要な援助を行い、保証された最低生活を確保する。

児童は常に国の社会的庇護の下にある。国は就学前の児童養育施設および休養施設に対する国民社会の側からの需要を満たすことを求められている。児童の健康を護ることについては特別な関心を払う。

【第13条】チェチェン共和国は青年が一般教育および職業教育を受ける機会を確保し、素質、能力、教育の程度に合わせ、一般社会の需要も考慮して職場を与えるべく、積極的な青年政策を実施する。
国は若年夫婦支援計画を作成、実施し、有利な条件での住宅取得を援助する。政治生活の諸問題解決のため国家機関は青年諸機関と協力し、社会経済、環境等に関する計画の作成に当たってはこれら青年諸機関の意見を考慮する。

【第14条】 チェチェン共和国は無償で質の高い保健、社会保障、国民教育、文化、スポーツに係わる機構を完成させる。国はこれらの目的に必要な資金、物資を提供する。

【第15条】 チェチェン共和国は科学、芸術、文芸、民芸の進歩に関心を持ち、国民の知性、精神性、倫理性の水準を向上させる条件を整備する。
国は国民社会の倫理的基盤を損なう作品やそれに類する活動の普及を阻止する。

【第16条】 国家活動の最重要課題は全人民の論議に付し、また全国民の投票（国民投票）を求める。

第二章　国民の権利、自由、義務

【第17条】 チェチェン共和国は国民一人一人に生得にして固有の権利を認める。チェチェン共和国はこれらの権利を保障し、これを擁護する一方、国民に義務を遂行せしめる。チェチェン共和国国民の権利、自由、義務はこれを廃止、もしくは制限してはならず、また廃止、制限以外の他の行為および行動により故意に義務の範囲を広げてはならない。
国民の正当な権利及び自由を縮小し、もしくは制限する法令は法的効力を持たない。

【第18条】 チェチェン共和国国民の権利、自由、義務は、国際条約および国際協定によって発生するチェチェン共和国の義務に従って制定し、行使する。

【第19条】 国民と国家は相互の権利と責任により束縛される。

国家機関と公務員は国民の権利と自由を保証するとともにこれを保護し、社会的人権保護活動を奨励する。

【第20条】 国民の権利はその義務と不可分である。国民は自らの権利と義務に従って自由に行動するが、その行動において他の国民の権利および正当な利益、国家および国民社会の安全、法秩序、社会の倫理的基盤を侵害してはならない。

【第21条】 全てのチェチェン共和国国民は民族、人種、出身、性、言語、宗教に対する考え方、居住地、職業の種類、資産状況、政治その他の信条、政党への所属等の状況にかかわり無く、法と裁判の下に平等で、保護される平等の権利を有す。

国民の同権は国政においても社会生活においてもあらゆる分野でこれを確立する。一部の社会階層、住民、個人の特権、あらゆる理由による差別は社会的公正に反し、法によって排除すべきものである。

国民の特定グループの特典や優遇措置は法律のみによってこれを定める。

【第22条】 女性と男性は平等の権利と自由を持つ。

【第23条】 国民はいかなる民族であろうとも同権が保証される。民族的特長によって直接または間接に権利を制限し、あるいは特権や優遇措置を設けることは法により罰せられる。国は少数民族の権利を擁護する。

【第24条】 チェチェン共和国においては均一な市民権を制定する。市民権の獲得と停止の事由および手続は法に定める。チェチェン共和国国民は市民権及び国籍変更の権利を奪われることはない。チェチェン共和国国民は共和国外に追放されてはならない。国は自国民の権利を擁護し、国外にいる国民を庇護する。

【第25条】 チェチェン共和国の領土にいる外国人および無国籍者はチェチェン共和国憲法および国際法の基準に照らしてその権利と自由を擁護する。

外国人および無国籍者はチェチェン共和国の憲法および諸法を尊重し、遵守する義務を負う。これらの人々はチェチェン共和国において政治亡命者としての権利を享受することができる。政治亡命の手続と条件は法に定める。

【第26条】チェチェン共和国国民は労働の権利を持つ。勤労者の労働に対する対価は双方の合意によりこれを決定するが、公式に定める最低生活費を下回ってはならない。国は国民の就業確保に努め、職業・技術教育および研修、並びに社会の要請を踏まえた勤労者の職種変更プログラムを実施する。

強制労働は、法に定める場合を除いてこれを禁止する。

【第27条】チェチェン共和国国民は私有権を持つ。

私有権は神聖にして不可侵である。

国民が持つ私有権の不可侵性およびその相続権は法制でこれを保証する。

【第28条】チェチェン共和国国民は企業活動を行い、自らの経済的欲求を満足させるため、個人企業、家内企業、集団企業、株式会社等を設立する権利を持つ。

【第29条】チェチェン共和国国民の休養する権利は、勤労者および事務職員の40時間以下の週間労働時間、24労働日以上の年間有給休暇、祭日および毎週の休日、特定の職業および現場についてはその短縮労働時間、その他の保証を法制で確保することによりこれを保証する。

【第30条】チェチェン共和国国民は健康の維持をはかり、無償での国立医療機関を利用し、医療機関が行う有償医療を利用する権利を持つ。国は医療の質を向上する施策を講ずる。

【第31条】チェチェン共和国国民は住宅に対する権利を持つ。これを所有物として取得し、もしくは国営、公営、私営の住宅を継続的に使用することができる。

何人も恣意的に住宅を奪われてはならない。

【第32条】チェチェン共和国国民は学校および各種教育機関で一般教育および専門教育を受ける権利を持つ。教育はその種類を問わず、誰でも受けられることを国が保証する。

【第33条】チェチェン共和国国民は老齢、不具、失業、疾病、扶養者の喪失に当たっては社会保障を受ける権利がある。年金、補助金その他の公共の支援は、少なくとも規定の最低生活費による生活水準を保証するものでなくてはならない。

【第34条】チェチェン共和国国民は好ましい環境に対する権利を持つ。自然の利用に係わる不法行為により国民とその健康、あるいは財産に損害を与えた場合、これを弁済しなくてはならない。

【第35条】チェチェン共和国国民は文化の精華を利用する権利がある。文化的価値のある史跡等の維持はチェチェン共和国国民の義務である。

【第36条】チェチェン共和国国民には芸術、科学、技術における創造力を発揮する自由を保証する。国民の著作権と知的所有権は国がこれを保護する。

【第37条】チェチェン共和国国民は国税を納める義務がある。その手続と額は法に定める。

【第38条】チェチェン共和国は一人一人の人間の生命に対する権利を認め、これを尊重する。

人は何人たりとも生命を奪われてはならない。死刑は特に重い罪に対する例外的罰則として、裁判所の判決のみによりこれを行う。

生命、健康、個人の安全に対するあらゆる侵害から国民を保護することを保証する。何人もその合意なしに医学的および科学的実験に供されてはならない。

【第39条】人の名誉と尊厳は法律によりこれを保護する。恣意的に人の個人生活に介入することはいかなるものであろうとも違法である。

自由を剥奪された人であろうとも、人道的扱いを受ける権利を有す。何人も拷問、非人間的扱い、尊厳を傷つける行為を受けてはならない。不法な方法で取得した証拠は法的拘束力を持たないものとみなす。

【第40条】個人は不可侵である。何人も裁判所の決定もしくは検事の許可によらずして逮捕され、もしくは監禁されてはならない。

犯罪の責任を問われた国民は等しくその罪を裁判所が確定するまでは無罪とみなす。

【第41条】チェチェン共和国国民はその信書、電話、電報その他の通信の秘密を保証される。法に定める場合、その定める手続によってのみ例外が許される。

【第42条】チェチェン共和国国民は住居の不可侵を保証される。住人の意思に反して住居に入り、法に定める場合、その定める手続によらずして捜索もしくは検査を行うことは禁止する。

【第43条】良心の自由はこれを保証する。チェチェン共和国国民はいかなる宗教であろうともこれを信仰し、もしくはいかなる宗教も信仰せず、宗教的祭式を取り行い、法に抵触しない限りその他あらゆる宗教的活動を行う権利を有す。

何人も国家に対する義務を免れ、あるいは宗教的信念を理由にして法の遂行を拒否することはできない。従軍がその人の宗教的信念に矛盾する場合、民間の任務を遂行することによりこれに替えてもよい。このような代替の手続と条件は法に定める。

【第44条】家族、母性、幼児は国の庇護の下にある。婚姻は男性と女性の自発的合意による。夫婦は家族関係において平等である。

婚姻の成立と破棄の手続と条件、夫婦の権利と義務は法にこれを定める。

【第45条】チェチェン共和国領土においては移住、滞在および居住場所選択の自由、チェチェン共和国からの出国、チェチェン共和国への入国の権利を保障する。

これらの権利は例外的な場合、法に定める事由により制限されることがある。

【第46条】チェチェン共和国国民は国家機関、公共機関およびこれらに所属する公務員の行為に対し不服を申立てる権利を有す。不服申し立ては法に定める手続と期間によりこれを審理しなくてはならない。

国民は不法で自らの権利を侵害する国家機関、公共機関およびこれらに所属する公務員の行為に対し裁判所に不服を申立てる権利を有す。

チェチェン共和国国民は国家、国家機関、公共機関、並びに公務員がその職務を遂行するに当たって行った不法行為により心的および物的損害を蒙った場合、その賠償を受ける権利を有す。

【第47条】チェチェン共和国国民は国家および公共の事業に直接又は代表者を通じ間接的に参加する権利を有す。国民は国全体および地域に係わる法律および法令の審議、並びに国民投票に参加する。

チェチェン共和国国民は合法的な個人的および集団的利益をはかり、チェチェン共和国憲法および諸法の範囲内で共同事業を行い、また自らの権利を共同で擁護する際に主導権、独立性を発揮する権利を有す。

【第48条】チェチェン共和国の国民は等しく国家、公共の活動および国際的活動のあらゆる局面、並びに国民の権利、正当な利益、義務の諸問題に関し情報を得る権利を有す。

国民の情報に対する権利の行使を阻害し、法律の公表に際して損害を与えた場合、これに対する責任は法に定める。

法律で護られている国家機密等の秘密を含む情報は漏洩してはならない。

【第49条】チェチェン共和国国民の印刷の自由、法に定める手続により国営ラジオおよびテレビ放送を利用する権利はこれを保証する。国は国民のマスコミ利用を可能ならしめる。

【第50条】チェチェン共和国国民は発言、意見、信条、並びにそれらを自由に表現し、流布する自由を享受する。何人も自らの信条のために迫害を受けてはならない。大衆に対し暴力による立憲体制の転覆、もしくはチェチェン共和国憲法に違反する方法によるその変更、テロリズムへの勧誘を行い、社会的、階級的、民族的、宗教的敵意を扇動し、国民の名誉と尊厳を侮辱することはこれを禁止する。

【第51条】チェチェン共和国国民は集会、大会、行進、デモの自由を享受する。

これらの自由を行使する場合の手続は法に定める。

【第52条】 チェチェン共和国国民は個人および集団で国家機関、公共団体に申し入れを行う権利を有す。

公務員はこのような声明を審議し、これに答え、必要な手段を講ずる責任を負う。

チェチェン共和国国民が国家機関および公共機関に申し入れを行う場合、チェチェン語もしくはロシア語でこれを行う。国家機関および公共機関は申し入れの言語をもって申入れに回答し、あるいは国民の利益を考慮してこれを翻訳する義務を負う。

【第53条】 チェチェン共和国国民は団結して政党および社会的連合組織を形成し、大衆運動に参加する権利を有す。暴力によるチェチェン共和国立憲体制の転覆を目的とし、軍隊的性格を帯び、もしくは隠蔽体質を持ち、あるいはその他の刑法に抵触する目的を追求する政党、社会的連合組織はこれを禁止する。その活動は法に定める手続により停止させることができる。

【第54条】 チェチェン共和国国民は国権機関および地方自治体の選挙に投票し、また投票される権利を有す。普遍的な、直接の、平等な選挙権を保障する。

【第55条】 チェチェン共和国国民は国家公務員として職につき、国家の任務に服する平等な機会を有す。

国家の任務に服する条件と手続は法に定める。

【第56条】 チェチェン共和国国民は国を防衛し、チェチェン共和国国軍の一員として兵役に服する義務を負う。

兵役の条件と手続は法に定める。兵役に替えて民間の任務につくことは法に定める事由にしたがってこれを許可する。

国土防衛、社会の秩序と安寧の警備に参加しているチェチェン共和国国民、並びにその家族は社会的、物質的保証およびその他の保証を得る。

【第57条】非雇用勤労者は国家機関での任務に参加する権利を有す。国は非雇用勤労者に対し企業、団体、機関の業務に参加し、生産における自治組織を結成し、交渉を行い、企業の管理者もしくは所有者と集団的契約を締結し、法に違反しない形で自らの経済的、社会的利益を確保し擁護する権利を認める。

【第58条】企業、公共機関、団体での労働組合の活動、勤労者が自らの選択により任意に労働組合に加入する権利、労働組合団体が連合し、また国際的な労働組合に加盟する権利を保証する。

【第59条】企業の勤労者と経営側に間の集団的論争は企業の所有形態に係わりなく、国が公正に解決する。法に定める場合、従業員はストライキ、すなわち企業、公共機関、団体が行う業務の全部又は一部の一時停止を実施する権利を有す。

ストライキが人々の生命と健康に脅威を与える場合、もしくは社会の死命を制する活動を担う業務の機能を損なう場合はストライキは許されない。

【第60条】チェチェン共和国においては消費者の権利は法により保護する。消費者は個人の資格で、および消費者団体を通じて、裁判および行政により、商品およびサービスの生産者、公告等を行う団体の行為により蒙った損害の賠償を要求する権利を有す。

第三章　国権および統治の制度

【第61条】チェチェン共和国唯一の立法権機関はチェチェン共和国議会であり、その議員は国民が普通直接選挙権に基づいて秘密投票で選出する。裁判所が行為能力なしと認めた国民および裁判所が下した自由剥奪の判決が発効した者は投票と立候補ができない。

【第62条】チェチェン共和国議会はいかなる問題もこれを審議し決定を下す権限をもつ。下記各項はチェチェン共和国議会の専権に属す。

1. チェチェン共和国憲法を制定し、これを改正および追加すること
2. チェチェン共和国の内政および外交の方針を決定すること
3. チェチェン共和国の国家体制の諸問題につき決定すること
4. チェチェン共和国の行政地域制度に係わる諸問題決定の手続を定めること
5. チェチェン共和国の国境変更に係わる諸問題に決定を下すこと
6. 将来に亘るチェチェン共和国社会経済発展計画およびプログラムを承認すること
7. チェチェン共和国議会の議長を選出すること
8. チェチェン共和国議会の第一副議長およびその他の副議長を選出すること
9. 全人民投票（国民投票）施行の決定を下すこと
10. チェチェン共和国大統領解任手続開始の決定を採択すること

【第63条】 チェチェン共和国議会はチェチェン共和国国権機関の常設最高立法機関である。チェチェン共和国議会議員は5年の任期をもって選出する。

【第64条】 チェチェン共和国議会は

1. チェチェン共和国議会議員、大統領、地方自治体各機関の選挙を決定する。
2. チェチェン共和国議会および地方自治体議員選挙にかかわる中央選挙委員会の構成を承認する。
3. 閣僚の構成を承認し、これに変更を加える。
4. チェチェン共和国憲法裁判所議長およびその代理、チェチェン共和国憲法裁判所裁判官、チェチェン共和国最高裁判所議長およびその代理、チェチェン共和国最高裁判所裁判官、都市および地区（地域）裁判所判事、チェチェン共和国仲裁裁判所議長およびその代理、チェチェン共和国仲裁裁判所裁判官を選出する。検事総長およびその代理、チェチェン共和国調査委員会議長、国民防衛機構議長およびこれ

らの代理、国立銀行、衛生防疫および環境部門の責任者を任命する。
5．大統領の閣僚、大使、その他法に定める高級国家公務員任命に同意する。
6．議会が構成を決め、あるいは選任した諸機関、承認もしくは任命した判事を除く公務員の報告を、定期的に聴取する。内閣信任を決議する。
7．共和国全体につき法規制を統一する。
8．憲法の規定する場合、その規定する手続により大統領、副大統領、憲法裁判所議長および裁判官、最高裁判所議長および裁判官を解任する。法に定める場合その他の高級国家公務員を解任する。
9．全国民又はその一部の動員を宣す。非常事態を宣し、あるいはその旨の大統領令を承認する。チェチェン共和国への軍事攻撃があった場合に戦争状態を宣言する。非常事態並びに国際的義務遂行に当たり、兵員導入の決定を行う。
10．外交官のランク、軍人その他の特別な称号（官位）を制定する。
11．軍の行為、特別な称号（官位）、外交官の位階を授与する。
12．チェチェン共和国全土の法規制を統一する。
13．憲法がチェチェン共和国国民に与える権利、自由、義務の徹底にかかわる諸問題を解決する。
14．チェチェン共和国諸法の解釈を行う。
15．地方自治体諸機関の組織および業務に係わる制度を制定する。
16．特赦に関する法律を制定する。
17．チェチェン共和国国家予算を審議し、承認する。租税およびその他の義務的納付金を制定する。予算執行過程の監査を行い、その執行報告書を承認する。国家予算の変更が必要な場合、これを変更する。借入および経済援助等に関する決定を行う。

18. 国際的合意を批准し、また否決する。
19. チェチェン共和国の防衛と国家安全についての基本政策を立案する。
20. チェチェン共和国の国家褒章と称号を制定する。
21. チェチェン共和国内閣の決定および布告、大統領令および布告がチェチェン共和国憲法および諸法に抵触する場合、これらの全部または一部を廃止する。
22. 地方自治体諸機関および部局の法令が現行のチェチェン共和国法制に抵触する場合、これらの法令を廃止する。
23. チェチェン共和国議会議員の権限を任期前に停止する場合、これにかかわる諸問題を解決する。
24. 大統領の提案になるものを含め、全人民投票（国民投票）施行を決定する。
25. その他の問題につき決定を下す。

チェチェン共和国議会は議会議員総数に対する多数決をもってチェチェン共和国諸法を制定する。

【第65条】議案提出権は議会議員、チェチェン共和国大統領、憲法裁判所、最高裁判所、チェチェン共和国仲裁裁判所、検事総長にある。

【第66条】チェチェン共和国議会議長は5年の任期をもって議会議員から選出する。

チェチェン共和国議会議長は議会議員の秘密投票によりいつでも罷免することができる。　チェチェン共和国議会議長はチェチェン共和国議会に報告の義務を負う。

チェチェン共和国議会議長はその権限により

1. チェチェン共和国議会が審議すべき諸問題にかかわる準備の全般的指揮をとり、議会が採択した法令に署名する。
2. チェチェン共和国議会に対し国の情勢および内政・外交の重要問題に関する情報を提供する。

3．議会に対し議会第一副議長およびその他の副議長選挙の候補者を推薦する。チェチェン共和国議会議長は命令を発行する。

チェチェン共和国議会第一副議長および副議長は、議長不在もしくは任務遂行が不可能な場合、議会議長の委任によりその機能に一部を果たし、議長を代行する。

【第67条】 チェチェン共和国諸法は採択の日から10日以内にチェチェン共和国議会議長が署名してこれを発表し、署名日にチェチェン共和国大統領に送る。チェチェン共和国大統領は法律原文受領から10日以内なら採択された法律に対し拒否権を発動することができる。

大統領が拒否権を発動したチェチェン共和国法律はチェチェン共和国議会で再度審議し、議会議員総数の三分の二の賛成を以って発効する。

【第68条】 チェチェン共和国議会議員は任意の公務員に質問することができ、質問を受けた公務員は３日の期限をもってこれに回答する義務を負う。このような質問に対する回答を回避し、もしくはこれに対して明らかに虚偽の回答をした公務員は免職とし、法に従って行政責任もしくは刑事責任に問われる。

議会議員は議会内外で議会活動の際の行動につき責任を問われることはない。

チェチェン共和国議会議員は不逮捕特権を与えられる。すなわち議会の合意なしに逮捕されず、裁判の結果としての刑事責任又は行政責任を問われることはない。

チェチェン共和国議会議員の法的地位、すなわちその権利、責任およびそれらの保証は法律で規定する。

【第69条】 チェチェン共和国においては、行政は大統領が主催する。

共和国大統領はチェチェン共和国議会の議員になることはできない。共和国大統領は営利団体のいかなる職務にもついてはならず、営利活動に従事する権利を有しない。

【第70条】 共和国大統領に立候補できるのは65歳以下の共和国国民である。一人の人物が二期連続してチェチェン共和国大統領に選出されてはならない。

【第71条】チェチェン共和国大統領は5年の任期を以ってチェチェン共和国国民により秘密選挙で普通直接投票により選出される。大統領候補の数は制限しない。大統領選挙は選挙民の50％以上が参加すれば有効とする。投票に参加した選挙民の半数以上の票を集めた候補を当選者とする。

これ以外の選挙方法もしくは任命、また共和国大統領権限の簒奪は不法であり、無効とする。共和国大統領の選挙および就任の手続は共和国諸法に定める。

【第72条】大統領就任に際しては下記内容の誓約を行――誠実にチェチェン共和国国民に奉仕し、その主権を強化するとともにこれを擁護し、チェチェン共和国憲法および諸法を厳密に遵守し、国民の権利と自由を保証し、自らに課せられたチェチェン共和国大統領の責務を忠実に果たすことをここに誓約する。

【第73条】チェチェン共和国大統領は

1. 内政、外交においてチェチェン共和国を代表する。
2. チェチェン共和国政府を主宰し、憲法に従って行政府諸機関を形成し、これを指揮する。
3. 議会の同意を得て閣僚、大使、その他のチェチェン共和国高級官僚を指名する。
4. 大統領が任命した閣僚その他の高級官僚を罷免する。
5. 外交政策実施を指揮し、交渉を行ってチェチェン共和国の国際条約を締結し、さらにこれを批准のために議会に送る。大統領は法律の範囲内で批准を必要としない国際協定を締結することができる。
6. チェチェン共和国国軍の最高司令官である。議会の同意を得て国軍最高司令部を任命する。将校に階級を授与する。
7. 緊急の場合チェチェン共和国もしくはその一部地域に非常事態を宣言し、その後2日以内に議会がこれを承認する。

8．チェチェン共和国に対する攻撃の脅威がある場合、部分的もしくは全面的動員、チェチェン共和国国軍の高度な臨戦態勢、その他の必要な措置を命令し、その後これらの措置につき3日以内に議会の承認を得る。
9．チェチェン共和国への攻撃があった場合、戦争行為開始を命令し、その後3日以内にこれに対する議会の承認を得る。
10．国家予算案を議会に提出し、議会の審議と承認を得る。
11．議会の本会議、委員会、審議会に出席することができる。議会の承認を得て全人民投票（国民投票）施行を決定する。議会と国民に対する教書を読む。
12．チェチェン共和国全土のあらゆる事件につき特赦の権利を行使する。
13．勲章その他のチェチェン共和国褒章を授与し、特別の称号（官位）および名誉称号を与える。
14．チェチェン共和国国籍の取得と離脱の諸問題を法制に従って決定する。
15．発議権をもつ。
16．大統領令を発し、その署名より10日以内にこれを発表する。
17．共和国議会に対し少なくとも年間に一度は採択した経済その他のプログラムの遂行状況および共和国内の状況に関する報告を提出し、国民向けの教書を読む。
18．チェチェン共和国憲法および諸法が大統領に与えたその他の権限を行使する。

【第74条】 大統領が犯罪をおかした場合、大統領を解任することができる。議会はこのような告発を受けた場合、三分の二以上の多数を以って大統領解任を上程するか否かを決定する。上程が決議されればこれを憲法裁判所に移管し、裁判官の三分の二以上を持って結審する。憲法裁判所審判受入れの最終判断は議会が行う。チェチェン共和国大統領解任は議会議員総数の三分の二以上の賛成票が投じられた場合成立したものとする。

【第75条】大統領と同時に5年の任期を持ってチェチェン共和国副大統領が選出される。

副大統領候補は大統領候補が決める。大統領候補への投票は同時にその推薦する副大統領候補への投票をも意味する。

大統領の委任により副大統領は大統領権限の一部を行使することができる。大統領が一時的にその責務を遂行できない状態にある場合、副大統領がその職責を遂行する。この場合副大統領の権限は24時間以内に議会の承認を得るものとする。大統領退任もしくは解任に場合、法に基づく新たな大統領選挙まで副大統領が大統領となる。

副大統領解任もしくは退任に当たっては、大統領は新たな副大統領を任命する。新副大統領は議会議員の過半数が賛成票を投ずることによりその地位に就任する。副大統領が他の任務を兼任することはできない。

【第76条】共和国大統領は憲法、共和国諸法、共和国議会決議に基づき、これらの執行のため大統領令および大統領布告を公布し、その履行状況を調査する。共和国大統領令は共和国憲法および諸法と不一致があってはならない。大統領令は共和国全土において強制力を持つ。共和国領土においては行政機関の決定が共和国憲法に違反する場合、大統領はその効力を一時留保する権利を有す。

【第77条】共和国大統領および副大統領は不可侵であり、法により保護されている。

【第78条】チェチェン共和国内閣は行政執行機関であり、チェチェン共和国大統領に従属する。

内閣の構成は内閣議長、その代理、内閣構成員で構成する。

内閣の構成は大統領の提案によって決定し、共和国議会がこれを承認する。

【第79条】共和国内閣は大統領および共和国議会に対し責任を負う。

新たに形成された内閣は共和国議会に対し自らが任期中に行う活動のプログラムを提出する。内閣は共和国議会に対し少なくとも年に一度自らが行った業務を報告する。

共和国議会は内閣に対し不信任を表明することができ、この場合内閣は辞職する。内閣辞職決議は共和国議会総数の三分の二以上の多数で可決される。

大統領が新たに選出された場合、内閣は辞職する。

【第80条】内閣は自らの権能に属する国家行政の諸問題を決定する権限をもつ。

【第81条】内閣は共和国諸法、議会決議、大統領令に基づき、これらの執行のため決議および命令を公布し、その履行状況を調査する。チェチェン共和国内閣決議および命令は共和国全土において強制力を持つ。

【第82条】内閣の構成、権限、活動規則、他の国家機関との関係はチェチェン共和国内閣法に定める。

【第83条】共和国国庫の歳入と歳出はバランスしなくてはならない。

最大許容赤字幅は法に定める。

【第84条】共和国国庫の歳入は法に定める租税、義務的支払、賦課金および関税、国有資産からの収入およびその他の収入で構成する。租税、賦課金、関税の種類と料率は法に定める。

【第85条】共和国の歳出は国庫から支出する。

共和国諸経費支出は議会承認の予算項目のみについて行われる。

国の歳入歳出に係わる詳細な報告は毎年発表しなくてはならない。

第四章　選挙制度

【第86条】チェチェン共和国における選挙は普通平等直接選挙権に基づき、秘密選挙で行われる。

【第87条】選挙には17歳に達したチェチェン共和国国民が参加する。

裁判所が行為能力なしと認めたもの、自由剥奪の刑を申し渡す裁判所判決が発効した者は立候補することも、投票に参加することもできない。

【第88条】議会議員、地方自治体職員および公務員選挙の手続は本憲法および諸法に定める。

第五章　地方自治体

【第89条】地方自治は代表統治機関および行政統治機関が行うか、もしくは直接民主主義の形態で行う。地方自治機関の名称は法令に定める。

【第90条】地方自治機関はチェチェン共和国憲法および諸法の枠内で、その権限の範囲内においては国権から独立して機能する。

【第91条】自治の代表機関はそれぞれの地域における主要な地方統治機関である。

【第92条】地方自治機関は独立してその予算を作成し、承認し、執行する。地方自治の予算等の資金は没収してはならない。

【第93条】国民は地方自治機関およびその公務員の決定および行為に対し法廷で不服を申立てる権利を有す。

第六章　司法権

【第94条】チェチェン共和国において司法権は裁判所のみがこれを行使し、立法府、行政府、政党、その他の社会的連合組織および政治勢力から独立して行動する。チェチェン共和国憲法および諸法に定める司法機関以外は何人も司法権の機能と権限を持つことはできない。

司法機関はチェチェン共和国の立憲体制、国民の権利と自由を擁護し、行政府によるチェチェン共和国の法律、法令ならびに憲法の不正な運用を監視することをその目的とする。

【第95条】司法権は裁判を実施することにより行使する。

チェチェン共和国領土においては司法機関の決定は全ての国家機関、公共機関、公務員、法人、個人に対し強制力を持つ。

【第96条】チェチェン共和国国民は陪審員の義務を遂行することによって裁判に参加することができる。

陪審員団は法令に定める手続により当事者双方で構成する。

【第97条】裁判官は独立して職務を行い、法のみに従う。裁判官は法にしたがって誓約を行う。

裁判官は教職以外の有給の仕事に就くことはできず、政党員になることもできない。

【第98条】チェチェン共和国憲法裁判所議長およびその代理、チェチェン共和国憲法裁判所裁判官、チェチェン共和国最高裁判所議長およびその代理、チェチェン共和国最高裁判所裁判官、都市および地方（地域）裁判所判事はチェチェン共和国議会が選出する。

【第99条】チェチェン共和国憲法裁判所は下記の権限を持つ。

―チェチェン共和国諸法および大統領令の合憲性の判定
―国家機関同士および国家機関と公共団体間の憲法論争の判定
―チェチェン共和国大統領の憲法および諸法違反告発にかかわる判定
憲法裁判所が違憲と判定したチェチェン共和国諸法および大統領令は憲法裁判所の決定が公表された日に失効する。

憲法裁判所所管事項に関する憲法裁判所決定はすべて最終とする。

憲法裁判所における審理の手続は法に定める。

【第100条】チェチェン共和国には最高裁判所、グローズヌイ市裁判所、都市および地方（地域）裁判所、軍事法廷が設置され、責務を遂行する。これ以外の裁判所はチェチェン共和国諸法によってのみ新設することができる。

【第101条】チェチェン共和国最高裁判所は下位裁判所が行う裁判の監視機能を果たし、チェチェン共和国の民法および刑法事件を審査する。

チェチェン共和国最高裁判所、グローズヌイ市裁判所、都市および地方（地域）裁判所、軍事法廷の組織および手続はそれぞれの法律により規制する。

【第102条】全ての法廷における審理は公開とする。

非公開法廷での審理は法に定める場合のみ、あらゆる訴訟手続を遵守して行われる。

法廷における審理は裁判官の合議、あるいは一人の裁判官、もしくは陪審裁判により行う。

刑事事件一審裁判における欠席尋問は、法令に定める場合を除き、行ってはならない。

【第103条】訴訟は弁論を原則として行う。

訴訟のどの段階でも弁護を要請する権利が認められる。

【第104条】容疑者、被告人、未決囚、既決囚には弁護を受ける権利を保証する。

訴訟の当事者たる被害者およびその他の国民にはその権利と合法的利益の擁護を保証する。

【第105条】被告は有罪が法に定める手続により証明され、裁判所の判決により確定するまでは無罪とみなす。

【第106条】訴訟はチェチェン語もしくはロシア語で行う。訴訟当事者が訴訟の言語を知らない場合、あらゆる関係書類を読み、通訳を同伴して訴訟に参加する権利、法廷での発言に自らの言語を使用する権利を保証する。

【第107条】事件審理中に、適用した基準法がチェチェン共和国憲法に違反すると法廷が認めた場合、訴訟手続を一時停止し、チェチェン共和国憲法裁判所に対しその法律が違憲である根拠を示し、見解を伝える。

【第108条】法人間の経済訴訟審理を目的としてチェチェン共和国仲裁裁判所が、責務を遂行する。

チェチェン共和国仲裁裁判所の運営規則と業務は法に定める。

第七章　法と法秩序の擁護

【第109条】チェチェン共和国領土における法と法秩序の擁護には立法府、行政府、司法府、弁護士、国民が参加する。

適法性と法秩序を護るための国家機関に与える権限についてはその限度をチェチェン共和国諸法に定める。

チェチェン共和国立法府直属の法執行機関はチェチェン共和国検察庁、チェチェン共和国犯罪調査委員会、チェチェン共和国国家保安室である。

チェチェン共和国行政府直属の法執行機関は法務、内務、国境警備、税関諸機関・団体である。

チェチェン共和国の領土においては犯罪にかかわる捜査等の機能を独自に遂行する私立および公共の団体の設立は禁止する。

社会的連合組織は法執行国家機関がチェチェン共和国諸法に従って行う適法性と法秩序、国民の権利と自由の擁護に協力することができる。

【第110条】チェチェン共和国検事総長および検事総長が管掌する検事は、チェチェン共和国領土内で効力のある諸法および国際法上の法令を、チェチェン共和国の立法府、行政府、裁判所各々の最高機関を除く全国家機関、公共団体、その公務員、国民が全土において正確に、一律に執行し、援用するべく監視を行う。

チェチェン共和国検事総長は5年の任期を以ってチェチェン共和国議会が任命し、検事総長が管掌する検事は検事総長の指名によりチェチェン共和国議会が同じく5年の任期を持って任命する。

チェチェン共和国検事局の運営および業務規則は法に定める。

【第111条】チェチェン共和国国家保安室およびその管掌する諸機関はその権限の範囲内でチェチェン共和国の立憲体制、国家主権、国益、領土の保全を擁護する。

国家保安室の長はチェチェン共和国議会が任命する。

チェチェン共和国国家保安室の運営および業務規則は法に定める。

【第112条】 チェチェン共和国犯罪調査委員会およびその管掌する諸機関はチェチェン共和国全土で発生した犯罪の予備的調査を行う。

チェチェン共和国犯罪調査委員会議長は5年の任期を持ってチェチェン共和国議会が任命する。

チェチェン共和国犯罪調査委員会の運営および業務規則は法に定める。

【第113条】 国民および団体に対する法律上の援助は弁護士団等の任意の弁護士団体、弁護士会社、その他弁護士活動に従事する権利を持つ個人が行う。

法に定める場合、法律上の援助は無償で行う。

チェチェン共和国における弁護士業営業規則は法に定める。

第八章　補則

【第114条】 チェチェン共和国の首都はグローズヌイである。チェチェン共和国の象徴たるチェチェン共和国国旗および紋章は法にこれを定める。

チェチェン共和国国歌はチェチェン共和国議会決議で承認する。

【第115条】 チェチェン共和国憲法はチェチェン共和国議会議員総数の三分の二以上が賛成票を投じた決定により採択し、また改正する。

憲法改正案を提出することができるのは本憲法により発議権を賦与された機関および個人である。

【第116条】 本憲法はチェチェン共和国議会がこれを採択した日に発効する。

◆ハサブユルト合意

【共同声明】

我々、下記に署名した者は、軍事行動停止に関する協定の実現において得られた進展を考慮し、武力紛争の政治的解決のための相互に受入れ可能な前提条件をつくりだすことを目指し、紛争問題の解決に際して軍隊の行使または軍隊による威喝の禁止を承認し、一般に認められている民族の自決権、同権、自発性および意思表示の自由の原則、民族間の協調および人民の安全の強化に立脚し、国籍、宗教、住所、その他の相違にかかわりなく、人間および市民の権利と自由を無条件に擁護する意志を、また政治的敵対者に対する暴力行為の阻止を表明し、同時に、一九四九年の世界人権宣言と一九六六年の市民的および政治的権利に関する国際規約に立脚して、今後の交渉過程の基礎となるロシア連邦とチェチェン共和国の相互関係の基本を決めるうえでの原則を共同で検討した。

A・レベジ　A・マスハドフ　S・ハルラモフ　S・アブムスリモフ

年月日：一九九六年八月三一日

署名地：ハサブユルト

立会人：欧州安全保障協力機構（OSCE）チェチェン支援団長　T・グルディマン

＊ロシア連邦とチェチェン共和国の相互関係の基本を決めるうえでの原則

1 一般に認められている原則と国際法の規定に従って決められるロシア連邦とチェチェン共和国の相互関係の基本に関する合意は、二〇〇一年一二月三一日までに得られなければならない。

2 遅くとも一九九六年一〇月一日までに、下記を任務とするロシア連邦とチェチェン共和国の国家権力機関の代表からなる合同委員会が結成される。

・一九九六年六月二五日付ロシア連邦大統領令第九八五号の実行状況の点検と軍の撤退完了に関する提案の準備。

・犯罪、テロリズム、民族的宗教的敵意発露の防止に関する調整措置の準備とその実行状況の点検。

・通貨金融および予算関係の回復に関する提案の準備。

・チェチェン共和国の社会経済複合体の復興計画の準備とそのロシア連邦政府への提出。

・住民への食料および医薬品の供給に際して、国家権力機関とその他の関係諸組織が調整された共同行動を行っているかどうかの状況点検。

3 チェチェン共和国の法令の基礎は、国籍、宗教その他の相違にかかわらず、人間的権利および市民的権利の尊重に、民族自決権に、また民族の同権、市民的平和の保証、民族間の協調、チェチェン共和国の領域に居住する市民の安全などの諸原則に立脚する。

4 合同委員会は、相互の事前合意にもとづきその作業を完了する。

（一九九六年九月三日付「独立新聞」第一六三号より）

◆ロシア連邦とイチケリア・チェチェン共和国との間の平和と相互関係に関する条約

両国の最高指導者は、幾世紀にもわたる対立の終結を希求し（一九九六年八月三一日付のハサブユルト合意を確認した上で）、恒久的で対等かつ互恵的な関係の確立を目指して以下のごとく合意した。


1いかなる紛争であっても、その解決に際しては威嚇ないし武力行使を永久に放棄すること。

2広く認められた原則と国際法の基準に従って両国の関係を樹立すること。その際に双方は実務的な合意によって定められる範囲で共同作業を行う。

3本条約は、相互関係分野において将来締結される条約ないし協定の基礎となる。

4本条約は二部作成され、それぞれ同等の法的効力を有する。

5本条約は、署名の日から発効する。

ロシア連邦大統領　B・エリツィン
イチケリア・チェチェン共和国大統領　A・マスハードフ

一九九七年五月一二日　モスクワ

注：括弧内の文章は、オリジナルの条約原本から、署名直前にエリツィンによって抹消された。

◆チェチェン共和国・ノフチーン憲法

〈二〇〇三年三月に住民投票により制定と、ロシア政府及びチェチェン親ロシア派政権が主張する法律〉

多民族のチェチェン共和国国民は、
チェチェン共和国内における市民社会確立と協和に対する歴史的責任を自覚し、
人間の権利と自由を最高の価値として守り、社会の民主主義的基盤を強化し、
遍（あまね）く認められた諸民族の平等と自決の原則を指針とし、
国家社会及び国民の過去、現在、未来に対する責任に立脚し、
ロシア及びこれを構成する多民族の国民との歴史的一体性を宣言し、
チェチェン共和国及び全ロシア連邦諸民族の最良の伝統を受け継ぎ、
父祖の地への愛情と尊敬、善への信念、公正を我々に伝えた祖先の精神を読み取り、
ここにチェチェン共和国憲法を宣言し、これを採択する。

第Ⅰ部

第一章　立憲体制の基盤

【第1条】 1．チェチェン共和国（ノフチーン共和国）は共和国型統治形態の民主主義的法治国家である。チェチェン共和国の主権は、ロシア連邦の権能範囲並びにロシア連邦とチェチェン共和国の共同権能範囲を除くほか、十全なる権限（立法、行政、司法）を有することを以って具現され、チェチェン共和国固有の無

形資産である。

2．チェチェン共和国の領土は単一にして不可分であり、ロシア連邦領土の不可分なる一部を構成する。

【第2条】1．チェチェン共和国における唯一の権力の源泉は、共和国権能の限度内において、多民族からなる国民である。

2．国民は自らの権力を直接、もしくは国権諸機関又は地方自治体を通じて行使する。

3．国民の権力を直接発現する最高の形態は国民投票と自由選挙である。

4．統治権の簒奪もしくは権力奪取は看過されてはならず、法律に照らして追求される。

【第3条】1．人とその権利及び自由は最高の価値である。チェチェン共和国はロシア連邦憲法の人及び国民の権利と自由を規定する条項をチェチェン共和国憲法に取り入れることにより、人及び国民の権利と自由が持つ格別の政治的、法律的重要性を確認するものである。

2．人々の価値ある人生と自由な発展、国民の融和と社会における協調、民族それぞれの歴史的、文化的遺産や民族の独自性保護がチェチェン共和国の最高の目的である。

【第4条】1．チェチェン共和国の国権は立法、行政、司法の分離に基づいてこれを行使する。立法、行政、司法のそれぞれの機関は独立している。

2．チェチェン共和国における国権機関の体制は、ロシア連邦における立憲体制の基盤並びに連邦法に定める立法（代表制）及び行政に係わる国権機関の一般原則に従って本憲法により制定する。

【第5条】1．チェチェン共和国における国家権力は、本憲法に従って設置したチェチェン共和国大統領、チェチェン共和国立法府（共和国会議、人民会議）、チェチェン共和国政府、チェチェン共和国裁判所並びにその他のチェチェン共和国国権機関がこれを行使する。

2．チェチェン共和国大統領、チェチェン共和国立法府、チェチェン共和国政府、その他のチェチェン共和国国権機関およびチェチェン共和国裁判所はその活動を行うに当たり、チェチェン共和国の経済社会発展過程を効果的に統御し、その国民の利益をはかるため、連邦法、本憲法及びチェチェン共和国の諸法の定める形式により互いに協力する。

【第6条】1．チェチェン共和国運営に係わる事項についてはチェチェン共和国憲法及び諸法は共和国全領土に直接効力を及ぼし、最高の法的拘束力を持つ。チェチェン共和国運営にかかわる事項について、連邦法と公布済みのチェチェン共和国の規範的法令の間に矛盾がある場合、チェチェン共和国の規範的法令が効力をもつ。ロシア連邦の排他的統治対象並びにロシア連邦とチェチェン共和国の共同統治の対象にかかわる場合、連邦憲法法及び連邦法がチェチェン共和国全領土において直接の効力を持つ。連邦法とチェチェン共和国の規範的法令の間に矛盾がある場合、連邦法が効力を持つ。

2．チェチェン共和国がその権能をもって採択する諸法その他の規範的法令は連邦法及びチェチェン共和国憲法に矛盾してはならない。

3．チェチェン共和国国権機関とロシア連邦国権機関、並びにチェチェン共和国国権機関同士の間で発生した権能に関する論争はロシア連邦憲法、本憲法、諸法に定める調停手続により、もしくは裁判により解決する。

4．法律は全て公式に発表されるものとする。公表されない法律が適用されることはない。人及び国民の権利、自由、義務に係わるその他の規範的法令も、これを広く告知すべく公表することなしに適用されることはない。

5．チェチェン共和国の国権機関、地方自治体、企業、機関、団体、公務員、国民及びその連合組織、並びに外国国民、無国籍者はロシア連邦憲法、連邦法、チェチェン共和国憲法、諸法及びその他の規範的法令を遵守する義務を負う。

【第7条】チェチェン共和国に於いては地方自治を認め、これを保証する。地方自治はその権能の範囲内において独立している。地方自治体は国権機関の体制には含まれない。

【第8条】1．チェチェン共和国に於いてはイデオロギーと政治の多様性、複数政党を容認する。

2．いかなるイデオロギーもこれを国家のイデオロギーとはせず、強制することはない。

3．政党、社会的連合組織及びその他の連合組織は法のもとでは平等とする。

4．立憲体制の根幹を暴力によって変更し、チェチェン共和国及びロシア連邦の一体性を損ない、社会的、人種的、民族的、宗教的不和を煽り、いかなるものであれロシア連邦憲法及び連邦法に規定のない武装組織もしくは軍組織をチェチェン共和国領土内に設立することを目的とし、もしくはその目的をもって行動する社会的連合組織の設立及び活動はこれを禁止する。

【第9条】1．チェチェン共和国に於いては国家、地方公共団体、個人による所有形態及びその他の所有形態を容認し、平等にこれを保護する。

2．土地その他の天然資源はチェチェン共和国に於いてはチェチェン共和国領土に居住する国民の生活と活動の基盤としてこれを利用し、保護する。

3．土地とその他の天然資源の所有、利用、処分に係わる諸問題の法的調整はロシア連邦憲法及び連邦法に定める範囲と手続により、チェチェン共和国の法制にしたがって行う。

【第10条】1．チェチェン共和国の国語はチェチェン語とロシア語とする。

2．チェチェン共和国においては国際交流に使用する言語ならびに公用語はロシア語である。

3．チェチェン共和国国語の地位は連邦法及び共和国法により定める。

【第11条】1．チェチェン共和国は非宗教的国家である。いかなる宗教も国家宗教と定め、もしくはこれを強要することはない。

2．いかなる宗教的連合組織も国家とは区別し、法のもとに平等である。
【第12条】チェチェン共和国の領土に居住し、あるいは滞在するロシア連邦国民は一様に全ての権利と自由を享受し、等しくロシア連邦憲法、連邦法、チェチェン共和国憲法及び法律が定める義務を負う。

【第13条】1．チェチェン共和国憲法の本章各項は共和国立憲体制の根幹をなすものである。本憲法のいかなる他の項目もチェチェン共和国立憲体制の根幹と齟齬を来たすことは許されない。
2．ロシア連邦による統治及びロシア連邦と連邦の地方行政主体による共同統治にかかわるロシア連邦憲法の諸条項が政治上並びに法律上特別の意味を持つことを考慮し、これらの条項をチェチェン共和国憲法に盛り込んだ。

第二章　人及び国民の権利と自由

【第14条】1．チェチェン共和国に於いては人と国民の権利と自由はロシア連邦憲法、チェチェン共和国憲法に従い、また広く受け入れられている国際法の原則と規範に照らしてこれを認め、保証する。人と国民の権利と自由の保護はチェチェン共和国、その国家機関及び公務員の義務である。
2．人の基本的権利と自由は固有のものであり、生来各人に付与されている。
3．人及び国民が権利と自由を行使する場合、これが他の人及び国民の権利及び自由を侵害してはならない。
【第15条】人及び国民の権利と自由は直接的な作用を及ぼすものであり、諸法の意義、内容、適用並びに立法府、行政府、地方自治体の行為を決定し、司法によりこれを保証する。

【第16条】1．全ての人は法及び裁判のもとでは平等である。
2．チェチェン共和国は性別、人種、民族、言語、出自、財産の多寡、地位の高低、居住場所、宗教に対する態度、信条、団体への帰属並びにその他の条件にかかわらず、人と国民の権利と自由が平等であることを保障する。社会的、人種的、民族的、言語的、宗教的属性により国民の権利を制限することは形態を問わずこれを禁止する。

3．男性と女性は平等の権利と自由を享受しその行使に際しても同等の可能性をもつ。

【第17条】各人は生きる権利を有す。何人も故意に生命を奪われることはない。

【第18条】1．個人の尊厳は国家がこれを擁護する。いかなることも個人の尊厳を貶める理由となってはならない。

2．何人も拷問、強制、その他の残虐な、あるいは人間としての尊厳を傷つける扱いや刑罰を受けることは許されない。何人も自発的同意なしに医学的、科学的もしくはその他の実験に供されてはならない。

【第19条】1．何人たりとも自由と個人としての不可侵性に対する権利を持つ。何人も奴隷の身分に置かれてはならない。

2．逮捕、監視下の監禁、監視下の拘束は裁判所の決定があった場合のみ許される。

【第20条】1．何人も個人生活の不可侵性、個人および家族の秘密、自らの名誉と名声を護る権利を有す。

2．何人も親書、電話による会話、郵便物、電報その他の通信の秘密に対する権利を有す。この権利の制限は裁判所の決定があってはじめて許される。

【第21条】1．個人的な生活上の情報を本人の同意なくして収集し、使用し、伝達することは許されない。

2．国権機関及び地方自治体ならびにそれらの機関で従事する公務員は、法に他の規定がない限り、国民がその権利及び自由に直接関連する公文書や資料を閲覧する機会を確保する義務を負う。

【第22条】住居は不可侵である。連邦法に定める場合、もしくは裁判所の決定を根拠とする場合を除き、何人も住人の意思に反して住居に侵入する権利を有しない。

【第23条】1．何人も自らが所属する民族を決め、これを標榜する権利を有す。何人も自らが所属する民族の決定を強制されてはならない。

2．何人も母国語を使用し、伝達、保育、教育、創作に使用する言語を自由に選択する権利を有す。

【第24条】合法的にチェチェン共和国の領土に居住する者は何人たりとも自由に移動し、滞在地及び居住地を自由に選択する権利を有す。

【第25条】いかなる宗教であろうとも個人的に、あるいは他の人々と一緒にこれを信仰し、あるいはいかなる宗教をも信仰せず、宗教的信念及び他の信念を自由に選択してこれを維持することを含め、何人にも良心の自由、信教の自由を保障する。

【第26条】1　何人たりとも思考と発言の自由を保障する。

2．社会的、人種的、民族的、宗教的憎悪及び敵意を煽る宣伝又は扇動は許されない。社会的、人種的、民族的、宗教的、もしくは言語の優越性、強姦及びポルノグラフィーの宣伝は禁止する。

3．何人も自らの意見や信念の表明、もしくはその拒否を強制されてはならない。

4．何人もあらゆる合法的方法により自由に情報を探し、受け取り、渡し、作成し、伝える権利を有する。

5．大衆伝達媒体（マスコミ）の自由を保障する。検閲は禁止する。

【第27条】1．自らの利益を擁護するために労働組合を設立する権利を含め、何人も団結の権利を有す。社会的連合組織の活動の自由を保証する。

2．何人も連合組織への加盟もしくは残留を強制されてはならない。

【第28条】国民は平和的に、武器を持たずに集合し、会合、集会、大衆示威行進、ピケを行う権利を有す。

【第29条】1．チェチェン共和国に居住するロシア連邦国民（チェチェン共和国国民）は直接又は代表者を通じてチェチェン共和国の運営に参加する権利を有す。

2．チェチェン共和国国民は国権機関及び地方自治体の代表者を選挙し、あるいは代表者として選挙され、また国民投票に参加する権利を有す。
3．チェチェン共和国国民のうち裁判所が不適格と認めた者並びに裁判所の判決により自由剥奪の場所に収監されている者は選挙権及び被選挙権を持たない。
4．チェチェン共和国国民は国家及び地方公共団体に勤務する均等な機会を有す。
5．チェチェン共和国国民は司法行為に参加する権利を有す。
【第30条】チェチェン共和国国民は国家機関及び地方自治機関に直接問いかけ、また個人的及び集団的訴えを行う権利を有す。

【第31条】1．何人もその能力と資産を企業活動及びその他の法で禁止されていない活動に自由に振り向ける権利を有す。
2．独占化及び不正な競争を目指す経済活動は許されない。
【第32条】1．私的所有権は法律で保護する。
2．何人も個人として、もしくは他人と共同で財産を取得し、所有し、利用し、処分する権利を有す。
3．何人も裁判所の決定による場合を除き、財産を奪われてはならない。国家の用に供するための強制収用は事前に相当額の補償があった場合のみ実施することができる。
4．相続権は保証される。
【第33条】1．国民及びその連合組織は土地を私有する権利を有す。
2．土地及び他の天然資源の所有者は、環境を害し、他人の権利及び合法的な利益を損なわない限り、これを自由に所有、利用、処分することができる。
3．土地利用の条件と規則は連邦法に基づいて定める。

【第34条】１．労働は自由である。何人も労働により生活費を取得し、自らの労働能力を自由に裁量し、活動の性格及び職業を選択する権利を有す。
２．強制労働は禁止する。
３．何人も安全衛生基準に合致する条件の仕事をみつけ、いかなる差別もなく、連邦法に定める最低労働報酬以上の労働対価を受け、失業から保護される権利を有す。
４．連邦法に定めた解決法を使って個人的及び集団的労働争議を行う権利を認める。
５．何人も休息の権利を有す。契約労働者には連邦法に定める労働時間、休日及び祭日、各年の有給休暇を保証する。
【第35条】１．母子及び家族は国家の庇護の下にある。
２．幼児の世話と養育は両親の等しい権利であり、義務である。
３．18歳に達した労働能力のある子供は両親の世話をする義務がある。
４．老人、女性、各種の信仰を持つ人に対する尊敬の念、歓待の精神、慈悲の心のような一般に認められたチェチェン共和国諸民族の伝統や習慣は神聖であり、チェチェン共和国憲法及び共和国諸法によりこれを保護する。
【第36条】１．チェチェン共和国国民は何人も老齢、病気、不具、養育者の喪失、幼児の保育その他法律に定めるものについては福祉の適用を保証する。
２．国家年金及び諸手当は連邦法およびチェチェン共和国諸法に従ってこれを定める。
３．自発的社会保険加入、社会保障及び慈善の補完形態創設を奨励する。
【第37条】１．何人も住居を持つ権利を有す。何人も理由なくして住宅を奪われることがあってはならない。
２．国権機関及び地方自治体は住宅建設を奨励し、住宅を持つ権利の実現するための条件を整備する。

3．住宅を必要とするチェチェン共和国の貧困者及び他のチェチェン共和国法律に指定する者には法に定める基準に従って国家、地方公共団体その他の住宅基金から無償もしくは支払可能な金額で住宅を提供する。

【第38条】1．何人も健康を維持し、医療を受ける権利を有す。国家及び地方公共団体の医療機関はそれぞれの予算、保険料収入、その他の収入を使い、国民に無料で医療を提供する。

2．チェチェン共和国は共和国健康維持強化プログラムに資金を提供し、国家、地方自治体、個人の健康増進制度発展対策に取り組み、人の健康強化、体育及びスポーツの発展、環境及び衛生防疫の改善に資する活動を奨励する。

3．公務員が人々の生命と健康に脅威を与える事実を秘匿した場合、連邦法に従って責任を問われる。

【第39条】何人も良好な環境、環境の現状に関する信頼に足る情報、環境に関する違法行為により健康と財産に与えた損害の賠償を受ける権利を有す。

【第40条】1．国民は等しく教育を受ける権利を有す。

2．国家及び地方公共団体の教育機関による就学前の教育、初等一般教育、中等職業教育は何人も等しくこれを受けることができ、無償であることを保証する。

3．何人も競争試験により無償で国家及び地方公共団体の教育機関による高等教育を受ける権利を有す。

4．初等普通教育は義務教育とする。両親又はこれに代るものは児童に初等一般教育を受けさせねばならない。

5．チェチェン共和国は共和国の権限の範囲内で教育分野の諸問題を裁量する。

【第41条】1．文学、芸術、科学、技術及びその他の創作並びにその教授の自由を遍く保証する。知的所有権は法によりこれを保護する。

2．何人も文化生活に参加し、文化施設を利用し、文化的価値に接する権利を有す。

3．何人も歴史及び文化の遺産を保護し、歴史的、文化的遺跡を護る義務を負う。

【第42条】何人も法で禁止されていないあらゆる手段を用いて自らの権利と自由を護る権利を有す。

【第43条】1．何人もその権利と自由は裁判に於いて保護されることを保証する。

2．国権機関、地方自治体、社会的連合組織及び公務員の決定及び行為（又は無為）に対し裁判所において異議を申立てることができる。

【第44条】1．何人も法により管轄権を付与された裁判所及び裁判官により自らの事案を審理される権利を奪われることはない。

2．刑事被告人は連邦法で定める場合陪審員が出席する裁判所において自らの事件を審理される権利を有す。

【第45条】1．何人も有資格者による法的支援を受ける権利を保障する。法に定める場合、法的支援は無償で行われる。

2．逮捕され、監視下に監禁されたもの、被告人は誰でも逮捕、監視下の監禁、起訴状提示の瞬間から弁護士（擁護者）の支援を仰ぐ権利を有す。

【第46条】1．刑事被告人は誰でも連邦法に定める手続で有罪が証明され、裁判所の判決が発効してその有罪が確定するまでは無罪の取扱いとする。

2．被告人に無罪を証明する義務はない。

3．有罪であることに対する疑いが残る場合、このことは被告人に有利な材料として取り扱う。

【第47条】1．同一の犯罪について重ねて責任を問われることはない。

2．裁判の実施に際し、連邦法に違反する方法で入手した証拠を使用することは許されない。

3．有罪の判決を受けた者は連邦法に定める手続により上級裁判所に再審を請求し、もしくは赦免又は減刑を請願する権利を有す。

【第48条】何人も自分自身、配偶者、近親者、法に定めるその他の関係者に不利な証言を強制されてはならない。

【第49条】犯罪及び権力乱用の被害者の権利は法律をもってこれを擁護する。チェチェン共和国は被害者に裁判を受ける権利と蒙った被害の賠償を保証する。

【第50条】何人もチェチェン共和国国権機関又はその公務員の不法行為（無為）に起因する被害につき、法に定める手続により賠償を受ける権利を有す。

【第51条】1．責任を定め、もしくはこれを重くする法律は遡及力をもたない。

2．何人も実行のときにロシア連邦法制で犯罪と認められなかった行為に対し責任を問われてはならない。犯行の後にその責任を免除もしくは軽減する新しい法律が施行された場合、新しい法律が適用される。

【第52条】1．チェチェン共和国憲法に列記する権利及び自由は一般に人及び国民に認められた他の権利及び自由の否定もしくは軽視と解釈してはならない。

2．チェチェン共和国においては人及び国民の権利及び自由を否定し、もしくは軽視する法律を公布してはならない。

3．人及び国民の権利と自由はロシア連邦の立憲体制の基盤、道徳律、健康、他者の権利と合法的な利益、国防の保持及びロシア連邦の安全を確保するに必要な程度において、連邦法によりこれを制限することができる。

【第53条】1．非常事態下において国民の安全確保及び立憲体制擁護のため、連邦憲法に従い、その範囲と効力継続期間を示した上で、権利と自由に個別の制限を定めることができる。

2．チェチェン共和国領土及びその個別の地域において連邦憲法に定める事態が出来した場合、その定める手続により非常事態を制定することができる。

【第54条】何人も法に定める税金及び賦課金を支払う義務を有す。新税を制定し、もしくは納税者の事情を悪化させる法律は遡及力を持たない。

【第55条】何人も自然と環境を保全し、自然の恵みを大事にする義務を負う。

【第56条】チェチェン共和国国民は連邦法により兵役に服する。連邦法に定める場合兵役に替えて代替民間任務につく権利を有す。

【第57条】国民は、法に他の定めがない限り、18歳より独立して自らの権利と義務を全面的に行使することができる。

第三章　チェチェン共和国の国家体制

【第58条】チェチェン共和国とロシア連邦の関係はロシア連邦憲法、連邦諸法、チェチェン共和国憲法、並びに連邦法に従ってチェチェン共和国国権機関とロシア連邦国権機関が締結した権能と権限の区分に係わる条約、チェチェン共和国行政機関と連邦行政機関の一部権限行使の相互委譲に係わる協定に定めるところである。

【第59条】1．チェチェン共和国の地位はロシア連邦憲法及びチェチェン共和国憲法に定める。チェチェン共和国の地位を同共和国の同意なしに変更することはできない。
2．チェチェン共和国と他のロシア連邦行政主体との境界線は双方の合意によってのみこれを変更することができる。
3．チェチェン共和国と外国との境界線はロシア連邦の境界線であり、その地位は連邦法によって定める。
4．チェチェン共和国の行政地域制度とその変更、並びにチェチェン共和国首都の地位は共和国諸法に定める。

5．チェチェン共和国の構成。

全共和国的重要性を持つ都市は、グローズヌイ、アルグン、グデルメスである。

行政区は、アチホイ・マルタノフスキー、ベデンスキー、ガランチョジスキー、グデルメッスキー、イトゥム・カリンスキー、クルチャロエフスキー、ナドテレチヌイ、ナウルスキー、ノジャイ・ユルトフスキー、スタロ・ユルトフスキー、スンジェンスキー、ウルス・マルタノフスキー、チェレブロエフスキー、シャリンスキー、シャロイスキー、シャトイスキー、シェルコフスコイである。

チェチェン共和国の首都はグローズヌイ市とする。

【第60条】 下記各項の権能はロシア連邦とチェチェン共和国の共同行使に属する。

aチェチェン共和国憲法及び共和国諸法のロシア連邦憲法及び連邦諸法との整合性確保

b人と国民の権利と自由の擁護、少数民族の権利の確保、合法性、法秩序、公共の安全確保

c土地、地下、水等の天然資源の所有、利用、処分の諸問題

d国家所有の区分

e自然の利用、環境保護と自然環境の安全確保、特別自然保護地域、歴史遺産と文化遺産の保護

f保育、教育、科学、文化、体育、スポーツにかかわる共通の問題

g健康に係わる諸問題の調整、家族、母性、父性、児童の保護、社会保障を含む社会福祉

h事故、自然災害、疫病対策とその後遺症の払拭

iロシア連邦における課税と徴税の一般原則確立

j行政法、行政訴訟法、労働法、家族法、住居法、土地法、水利法、森林法、地殻及び環境保護にかかわる法制

k裁判及び司法機関の人事、弁護士会、公証機関
l少数民族社会の古くからの居住環境及び伝統的生活様式の保護
m国権機関及び地方自治体制度構築の一般原則の確立
nチェチェン共和国の国際関係及び貿易の調整、ロシア連邦の国際条約遂行

【第61条】下記各項はチェチェン共和国の権能に属す。
aチェチェン共和国憲法の採択、その改正と追加
bチェチェン共和国の権利と合法的利益の保護、その憲法及び諸法遵守の監視
cチェチェン共和国の法制
dチェチェン共和国国権機関体制確立、その組織・活動規則の整備
eチェチェン共和国地方自治体の組織及び行動基準の独自性確立
fチェチェン共和国の行政地域制度
g社会・経済政策の策定と施行、チェチェン共和国予算の採択と実行監視
h共和国租税及び賦課金の決定、各都市、地域、集落開発の共和国基金その他の予算外基金創設
i共和国資産の諸問題とその処分手続の決定
j共和国が所有するエネルギー等のライフライン・システム、チェチェン共和国の輸送、情報、通信
k連邦法制により与えられた権限の範囲内で行うチェチェン共和国の国際関係及び貿易
lチェチェン共和国の国家褒章及び称号、国の象徴
m他のロシア連邦行政主体との合同による地域及び地域間連合、同盟形成の諸問題、協力と地域の全面的発展を目的とするそれら諸地域との条約締結
nチェチェン共和国の社会・経済発展計画

oチェチェン共和国に帰還した強制移住者の環境整備と社会的適応
pチェチェン共和国憲法裁判所の組織及び活動規則の制定
【第62条】チェチェン共和国の国旗、国章、国歌、その詳細と正式使用の規則は共和国の法律に定める。

第四章　チェチェン共和国大統領

【第63条】チェチェン共和国大統領はチェチェン共和国最高の公務員にしてチェチェン共和国行政を統括する。

【第64条】1．チェチェン共和国大統領就任に際しては多民族よりなるチェチェン共和国国民に対し次の誓約を行う——チェチェン共和国大統領の権限を行使するに当たり、人と国民の権利と自由を尊重し、多民族よりなるチェチェン共和国国民の権利を擁護し、忠実に国民に奉仕し、チェチェン共和国憲法並びに共和国諸法を遵守し、これを擁護することを誓約する。
　2．誓約はチェチェン共和国立法府両院合同会議において、チェチェン共和国政府関係者、チェチェン共和国憲法裁判所裁判官、各政党、会派、社会運動代表者出席のもと、式典としてこれを行う。
【第65条】チェチェン共和国大統領は、平等な直接普通選挙権に基づき、当日18歳に達し、連邦法に照らして選挙権を持つチェチェン共和国国民が無記名投票で選挙する。

【第66条】チェチェン共和国大統領になることができるのは30歳以上のロシア連邦国民である。

【第67条】1．チェチェン共和国大統領は4年の任期を持って選挙するが、二期連続して選ぶことはできない。
　2．連邦諸法及び本憲法に従って選挙されたチェチェン共和国大統領は前回の選挙で選ばれたチェチェン共和国大統領の就任より4年間の任期が満了した日に就任する。期前に選挙を行った場合、並びに前回の選挙で選ばれたチェチェン共和国大統領就任日から4年の任期が満了する日に近くにチェチェン共和国大統領の再選挙日を指定した場合、就任はチェチェン共和国選挙管理委員会が大統領選挙の結果を公式に発表した日から30日後とする。

【第68条】チェチェン共和国大統領選挙が成立せず、あるいは無効であると認められた場合、もしくは立候補者のいずれもが選出されなかった場合、新たに選出された大統領が就任するまでの期間、一時的にチェチェン共和国政府議長が大統領の任務を代行する。この場合前回の選挙結果公表より6カ月以内に再選挙を行うものとする。

【第69条】チェチェン共和国大統領はチェチェン共和国立法府議員、地方自治体代表機関の議員を兼務することはできず、またロシア連邦の法制に他の規定がない限り、教職、科学その他の創造的活動を除く有給の職につくことはできない。

【第70条】1．チェチェン共和国大統領はチェチェン共和国の社会・経済発展分野並びに財政、科学、教育、保険、社会保障、環境部門に於いて直接又はチェチェン共和国行政府を通じて統一国家政策を実施する。

2．チェチェン共和国大統領は

a連邦国権機関、ロシア連邦の各行政主体の国権機関、地方自治体との関係において、また貿易及び国際関係においてチェチェン共和国を代表する

bチェチェン共和国諸法に署名し、これを公表し、もしくはチェチェン共和国立法府が採択した法律を却下し、チェチェン共和国を代表して条約及び協定に署名する

cロシア連邦が採択の権限をもつ法案をロシア連邦大統領、ロシア連邦政府、その他のロシア連邦国権機関に提起する

d人民会議の同意を得てチェチェン共和国政府議長、その代理、財政、経済、産業、農業分野の大臣を任

命し、また解任する。共和国の法律に従ってその他の大臣及び他の行政機関の長を任命し、また解任する

e チェチェン共和国政府議長の提案によりチェチェン共和国政府を形成する

f 共和国議会に対しチェチェン共和国憲法裁判所議長及び副議長の候補者を提出し、チェチェン共和国調停判事候補者を合意する

g チェチェン共和国立法府が、ロシア連邦が権能を持つ事案及びロシア連邦とチェチェン共和国が共同で権能を持つ事案に関し、ロシア連邦憲法、連邦諸法に矛盾する法律又はその他の規範的法令を採択し、その矛盾をしかるべき裁判所が裁定したにもかかわらず、チェチェン共和国立法府が裁判所の裁定発効後6カ月以内にこれを棄却しない場合、任期満了以前にチェチェン共和国立法府の権限停止（立法府解散）の決定を下す

h チェチェン共和国立法府（立法府議院）の権限を任期満了前に停止した場合、チェチェン共和国立法府（立法府議院）の臨時選挙日を指定する

i 法案発議権をもつ

j チェチェン共和国立法府に対し（両院総会に於いて）少なくとも年に一度報告を行い、チェチェン共和国国民及び立法府に対し教書を読む

k 共和国議会に対しチェチェン共和国国立銀行総裁の候補者を提出する。共和国議会に対しチェチェン共和国国立銀行総裁の解任を提案する

l チェチェン共和国検事の候補者を合意する。ロシア連邦検事総長の推薦を受け、チェチェン共和国立法府に対しチェチェン共和国検事候補を推薦し、その任命に対しロシア連邦検事総長の承認を受ける

m チェチェン共和国選挙管理委員会委員の半数を任命する

nチェチェン共和国立法府両院の臨時会議召集を要求し、またチェチェン共和国憲法に定める期日前に新たに選ばれたチェチェン共和国立法府議院を召集する権利を有す

oチェチェン共和国立法府議院の審議に審議権を持って参加する権利を有す

p大統領府を形成し、その長を任命する

q大統領在任期間中チェチェン共和国行政府からロシア連邦議会連邦協議会に派遣する代表を任命する。チェチェン共和国立法府に派遣するチェチェン共和国大統領全権代表を任命し、また解任する

rチェチェン共和国行政府の規範的法令等の法令がチェチェン共和国憲法に矛盾する場合、その効力を停止させ、あるいはこれを廃止する

sチェチェン共和国国家褒章を授与し、定められた手続によりロシア連邦の国家褒章授与を申請する

t連邦法およびチェチェン共和国憲法に従ってその他の権限を行使する

2．チェチェン共和国大統領は大統領令及び大統領布告を公布する。

3．チェチェン共和国大統領令及び大統領布告はチェチェン共和国全土で強制力を持つ。

【第71条】チェチェン共和国大統領は自らの権限を行使するに当たってロシア連邦法、連邦諸法、チェチェン共和国憲法、共和国諸法を遵守し、またロシア連邦大統領令、大統領布告、ロシア連邦政府決議及び布告を執行する義務を負う。

【第72条】下記の場合チェチェン共和国大統領の権限は任期満了を待たず停止する。

a大統領の死亡

bチェチェン共和国立法府の不信任による退任

c個人の意思による退任

dロシア連邦大統領による解任

e裁判所による責任能力否定もしくは限定の判定
f裁判所による所在不明もしくは死亡の判定
g裁判所の有罪判決の発効
hロシア連邦外への居住地の移動、ロシア連邦国籍の喪失

【第73条】チェチェン共和国立法府は下記の場合チェチェン共和国大統領への不信任を表明する権利を有す。
aチェチェン共和国大統領がロシア連邦憲法、連邦諸法、チェチェン共和国憲法に矛盾する法令を発布し、しかるべき裁判所がその矛盾を立証したにもかかわらず、裁判所の決定発効より1カ月以内にその矛盾を排除しない場合
bロシア連邦憲法、連邦諸法、ロシア連邦大統領令、ロシア連邦政府決議、チェチェン共和国憲法、連邦諸法に対してその他の重大な違反を犯し、これが国民の権利と自由を大幅に侵害する結果となった場合

【第74条】チェチェン共和国大統領に対するチェチェン共和国立法府の不信任決議は人民会議定数の三分の一以上の発案により、両院とも定数の三分の二の賛成で可決する。

【第75条】1．チェチェン共和国立法府がチェチェン共和国大統領不信任決議を可決した場合、チェチェン共和国大統領とチェチェン共和国政府はただちに退任する。
2．ロシア連邦大統領がチェチェン共和国大統領を解任した場合、チェチェン共和国大統領は退任する。

【第76条】チェチェン共和国大統領が職務を遂行できないときはいかなる場合でもチェチェン共和国政府議長が一時的にその職を代行する。

【第77条】1．任期満了前にチェチェン共和国大統領の権限を停止する場合、チェチェン共和国政府議長は一時的にチェチェン共和国大統領の職を代行し、チェチェン共和国大統領の臨時選挙を取決める。選挙は連邦法に定める期間にこれを指定し、実行する。

2．チェチェン共和国大統領の職務を代行するチェチェン共和国政府議長はチェチェン共和国立法府を解散し、もしくはチェチェン共和国憲法の改正及び見直しを提起する権利を有しない。

第五章　チェチェン共和国立法府

【第78条】1．チェチェン共和国立法府は常設で、チェチェン共和国に於いて唯一にして最高の立法（代議）国権機関である。

2．チェチェン共和国立法府は共和国会議と人民会議の二院で構成する。

【第79条】1．共和国会議は一人区より直接選挙権により無記名投票で選出された共和国各地域行政単位（全共和国的重要性を持つ都市、行政区）を代表する21名の議員で構成する。

2．人民会議は直接選挙権により無記名投票で選出された40名の議員で構成する。

3．チェチェン共和国立法府議員の地位、チェチェン去和国立法府議員選挙の準備と実施は連邦諸法、本憲法、共和国諸法により規制する。

【第80条】1．チェチェン共和国立法府議員は連邦法により選挙権を付与されたチェチェン共和国国民が平等な直接普通選挙権に基づいて無記名投票により4年の任期をもって選出する。

2．チェチェン共和国立法府議員には選挙当日に21歳に達したロシア連邦国民が立候補することができる。

3．チェチェン共和国立法府議員は、チェチェン共和国の法律に従い、職業として永続的にこれに従事し、もしくは一定期間、あるいは本業を中断せずにこれを行うことができる。

4　連邦法に他の規定がない限り、チェチェン共和国立法府議員はその任期中ロシア連邦連邦会議下院議員、裁判官を兼務することはできず、ロシア連邦のその他の国家公務員の職、連邦国家機構の国家公務員の職、その他のチェチェン共和国国家公務員の職もしくはチェチェン共和国国家機構の国家公務員の職、さらに選挙による地方公共団体公務員の職、地方公共団体機構公務員の職を代行することはできない。
5．チェチェン共和国立法府議員の仕事を職業として永続的に行う場合、ロシア連邦の法制に他の規定がない限り、教職、科学その他の創造的活動を除く有給の職につくことはできない。
6．チェチェン共和国立法府議員は議員の権限行使にかかわらない活動に自らの地位を利用する権利を有しない。
7．チェチェン共和国立法府議員はその任期中連邦法に従い不可侵性を得る。
【第81条】チェチェン共和国立法府議員は民事又は刑事事件に関し、自らの権限行使に関連して知るに到った状況の証言を拒否する権利を有す。

【第82条】1．立法府両院のいずれも議員定数の三分の二以上の議員が選出されていればチェチェン共和国立法府は議決権を得る。両院のうち片方のみに議員定数の三分の二の議員が選出されていれば、その議院のみ、その専権事項に係わる部分につき議決権を得る。
2．チェチェン共和国立法府両院は個別に会議を行う。その会議は公開とする。ただし、連邦諸法、チェチェン共和国憲法、並びにチェチェン共和国立法府規則に定める場合は例外とする。
3．チェチェン共和国選挙管理委員会は選挙より15日以内にチェチェン共和国立法府第1回目の会議を招集する。
4．チェチェン共和国立法府両院の第1回目会議は最年長の代議員が開会を宣し、それぞれの議院の議長選出まで議事を進行する。
5．新たに選出されたチェチェン共和国立法府（新たに選出された両院）が活動を開始した日からそれ以前に召集されたチェチェン共和国立法府（それぞれの議院）の権限は停止する。
6．チェチェン共和国立法府両院は法人格として印章をもち、独立して自院の活動の組織、法制面、情報、資材器具、財政の諸問題を解決する。

7．チェチェン共和国立法府両院の活動の経費はチェチェン共和国立法府で承認し、チェチェン共和国予算に独立した項目を設ける。

【第83条】1．チェチェン共和国立法府は

aチェチェン共和国憲法議会に於いてチェチェン共和国憲法修正案を提案する

bチェチェン共和国が単独で行使すべき権能並びにロシア連邦とチェチェン共和国が共同で行使すべき権能のうちチェチェン共和国の権限が及ぶ部分につき立法による規制を行う

cチェチェン共和国予算執行監視のためチェチェン共和国会計検査院を組織する。その構成と活動の手順は共和国の法律に定める

dロシア連邦議会下院に法案を提出するための発議権を行使する

e連邦法に従って自らの任期中チェチェン共和国立法（代議）及び行政国権機関からロシア連邦議会上院に派遣する代表者を選出する

fロシア連邦憲法、ロシア連邦行政主体の立法（代議）及び行政国権機関運営の一般原則にかかわる連邦法、チェチェン共和国憲法、共和国諸法に定めた権限を行使する。

2．共和国会議は

aチェチェン共和国国立銀行議長を任命し、これを解任する

bチェチェン共和国大統領の推薦によりチェチェン共和国憲法裁判所裁判官、議長及び副議長、チェチェン共和国調停判事を任命する

cチェチェン共和国会計検査院副議長及び会計検査官の半数を任命し、これを解任する

dチェチェン共和国選挙管理委員会委員の四分の一を任命し、これを解任する

eチェチェン共和国検事候補を合議する
f共和国の法律に定める場合チェチェン共和国国民投票を決定する
gチェチェン共和国立法府選挙日及びチェチェン共和国大統領選挙日を指定する
3．人民会議は
aチェチェン共和国政府議長、副議長並びに財務、経済、産業、農業の分野で権限を行使する大臣の任命につきチェチェン共和国大統領に同意を与える
bチェチェン共和国会計検査院議長並びに会計検査官の半数を任命し、これを解任する
cチェチェン共和国選挙管理委員会委員四分の一を任命し、これを解任する
dチェチェン共和国人権擁護代表を任命し、これを解任する

【第84条】チェチェン共和国法律により
aチェチェン共和国大統領が提出するチェチェン共和国予算及びその執行にかかわる決算を承認する
bチェチェン共和国憲法に従ってチェチェン共和国立法府両院の組織及び活動の根幹を定める
cチェチェン共和国領土にある地方自治体の選挙実施手順を定め、その活動の規則を決める
dチェチェン共和国大統領が提出するチェチェン共和国社会‐経済発展計画を承認する
e連邦法によりチェチェン共和国に制定の権能が与えられている租税及び賦課金の制定とその徴収規則を定める
fチェチェン共和国国営予算外地域基金の予算及び決算報告を承認する
gチェチェン共和国資産につき、株式会社、パートナーシップ、その他の法的形態をもつ企業の定款資本中チェチェン共和国の持分（パイ、株式）等その運営及び処分規則を定める
hチェチェン共和国の条約締結及びその破棄を批准する

iチェチェン共和国の国民投票決定及び実施規則を制定する
jチェチェン共和国立法府両院及びチェチェン共和国大統領選挙実施規則を制定する
kチェチェン共和国行政地域制度及びその制度変更のための規則を制定する
lチェチェン共和国行政機関の体制及び各機関の組織構築の規則を制定する
mチェチェン共和国国境変更に関する協定を批准する
nチェチェン共和国人権擁護代表の地位、権限、任命と解任の手順、活動の規則を制定する
oロシア連邦憲法、連邦諸法、チェチェン共和国憲法、共和国諸法によりチェチェン共和国の権能に係わるその他の諸問題の調整を行う

【第85条】チェチェン共和国大統領は立法府が定めるべき法規制に不備がある場合、これを補う法令を公布する権利を有す。但しこの場合大統領が公布する法令はロシア連邦憲法、連邦及び共和国諸法に矛盾せず、その効力の波及がしかるべき法律の採択までの期間に限定されることが不可欠である。

【第86条】チェチェン共和国立法府両院はロシア連邦憲法、連邦諸法、チェチェン共和国憲法、共和国諸法の取扱いに係わる決議を採択する。

【第87条】チェチェン共和国両院はチェチェン共和国憲法及び共和国諸法に定める範囲及び形式に於いて
a他の担当機関と共にチェチェン共和国諸法の遵守と実施、チェチェン共和国予算の執行、チェチェン共和国資産処分について定めた規則の遵守を監視する
b連邦諸法及びチェチェン共和国諸法に定めるその他の権限を行使する

【第88条】1．人民会議における発議権はチェチェン共和国大統領、チェチェン共和国政府、共和国会議、共和国会議及び人民会議議員、地方自治体代表各機関がこれを保持する。また発議権はチェチェン共和国憲法裁判所、チェチェン共和国最高裁判所、チェチェン共和国仲裁裁判所、チェチェン共和国検事局、チェチェ

ン共和国選挙管理委員会もそれぞれその所掌するところにつきこれを保持する。

2．法案は人民会議に提出する。チェチェン共和国大統領が人民会議に提出した法案は、大統領が優先審議を求めた場合、優先的に審議する。

3．租税の新設及び廃止、その支払免除、チェチェン共和国の財政債務の変更にかかわる法案、チェチェン共和国予算に経費支出を必要とするその他の法案はチェチェン共和国大統領の提案により、もしくは大統領の意見書を付して人民会議で審議する。上記意見書は1カ月以内に人民会議に提出する。

【第89条】1．チェチェン共和国憲法修正案はチェチェン共和国立法府両院各々の定数の三分の二以上の多数の賛成をもって採択する。

2．チェチェン共和国諸法は、本憲法に異なる定めがない限り、チェチェン共和国立法府両院各々の定数に対する多数の賛成をもって採択する。

3．チェチェン共和国立法府両院決議は、本憲法に異なる定めがない限り、立法府両院に選出された議員数に対する多数の賛成により採択する。

4．チェチェン共和国法律案は二回以上の読会により人民会議で審議する。（チェチェン共和国の条約批准〈締結もしくは破棄〉に係わる法案は例外とする）審議の結論が法律の採択となったか、もしくは否決されたかについては人民会議決議を作成する。

【第90条】1．人民会議で採択されたチェチェン共和国諸法は5日以内に共和国会議に送り、14日間審議を行う。この期間内に審議が終了しなかったチェチェン共和国諸法は共和国会議がこれを了承したものとみなす。

2．本憲法第84条a、e、f、g、h、k、m、各項に定めた事項に係わるチェチェン共和国諸法は人民会議で採択の後共和国会議の審議を必要とする。

3．共和国会議で否決された法律は再度人民会議で審議する。人民会議が共和国会議の決定に同意しない場合、再採決において人民会議議員定数の三分の二以上が賛成票を投ずれば法律は採択されたものとみなす。

4．採択された法律は5日以内にチェチェン共和国大統領に送り、署名の上公表する。チェチェン共和国大統領は法律受理より14暦日以内にこれを署名することにより公表の許可を与え、もしくはこの期限内にこれを拒否する。チェチェン共和国大統領がチェチェン共和国法律を拒否した場合、チェチェン共和国立法府両院各々の三分の二以上の多数が賛成すれば、以前採択された内容のまま承認される。

5．チェチェン共和国大統領は以前採択された内容のまま承認されたチェチェン共和国法律を再度拒否することはできず、その法律の受理より14暦日以内にこれに署名の上公表しなくてはならない。

6．チェチェン共和国憲法及び共和国諸法、並びに規範的性格のチェチェン共和国立法府両院決議は公表の日から発効する。人及び国民の権利と自由にかかわるチェチェン共和国の法律及び他の規範的法令はその公表日より10日後以前に発効することはない。チェチェン共和国の法律及びその他の規範的法令を公表する手順はチェチェン共和国法律に定める。

7．チェチェン共和国領土内においてはロシア連邦憲法、連邦諸法、チェチェン共和国憲法及び諸法は国家がこれを擁護する。

【第91条】1．チェチェン共和国立法府の権限は下記の場合期間満了を待たずに停止されることがある。

a立法府自身による解散決議の採択、この場合解散決議はチェチェン共和国立法府両院各々の定数中三分の二以上の賛成により採択される

b本憲法に定める根拠に基づくチェチェン共和国大統領による解散

c議員権限剥奪等チェチェン共和国立法府における当該議員構成の適格性喪失に係わるチェチェン共和国最高裁判所決定の発効

d立法府解散に関する連邦法の発効

2．議員権限剥奪等チェチェン共和国立法府議院における当該議員構成の適格性喪失に係わるチェチェン共和国最高裁判所決定の発効により期間満了を待たず停止されることがある。

3．チェチェン共和国立法府（立法府議院）の権限がその期限を待たず停止された場合、チェチェン共和国大統領はチェチェン共和国立法府（立法府議院）の臨時選挙を指定する。上記の選挙は連邦法に定める期間内に指定し、実施する。

第六章　チェチェン共和国行政諸機関

【第92条】1．チェチェン共和国政府は常設のチェチェン共和国最高国権行政機関である。

2．チェチェン共和国政府議長、副議長および大臣はチェチェン共和国政府の一員である。

3．チェチェン共和国政府はその領土内におけるロシア連邦憲法、連邦諸法、その他のロシア連邦の規範的法令、チェチェン共和国憲法、共和国諸法およびその他の規範的法令の執行を保障する。

4．チェチェン共和国政府は法人格とし、紋章を持つ。

5．チェチェン共和国政府および政府が主催するチェチェン共和国行政諸機関の財政は本憲法の他の条項に定めるチェチェン共和国予算より支出する。

【第93条】1．チェチェン共和国政府はチェチェン共和国の社会‐経済総合的発展対策を立案実施し、財政、科学、教育、保健、社会保障、環境各分野における統一国家政策施行に参加する。

2．チェチェン共和国政府は

a権限の範囲内で人と国民の権利と自由の擁護、財産と社会秩序の保護、犯罪防止の対策を実行する

bチェチェン共和国大統領が人民会議に提出するチェチェン共和国予算案、並びにチェチェン共和国社会経済発展計画案を作成する

cチェチェン共和国予算執行を保障し、チェチェン共和国大統領がチェチェン共和国人民会議に提出する予算執行報告書およびチェチェン共和国社会経済発展計画執行報告書を作成する

dチェチェン共和国のその他の行政機関を設立する

eチェチェン共和国諸法に従ってチェチェン共和国資産の運営及び処分を行い、また連邦諸法及びその他のロシア連邦の規範的法令に従ってチェチェン共和国に移管された連邦資産の運営及び処分を行う

f地方自治体、選挙によって選ばれた、もしくはその他の地方自治体公務員が公布した法令がロシア連邦憲法、連邦諸法、その他のロシア連邦の規範的法令、チェチェン共和国憲法、共和国諸法及びその他の規範的法令に矛盾する場合、その地方自治体又は選挙によって選ばれた、もしくはその他の地方自治体公務員に対し、公布した法令をロシア連邦法制にあわせて改正するよう提案し、またこれを裁判所に提起する権利を有す

g連邦法に従って連邦行政機関との間で権能権限対象の区分に関する協定並びに自らの権限行使の一部引渡しに関する協定を締結する

h連邦法、チェチェン共和国憲法並びにロシア連邦憲法78条に定める連邦行政諸機関との協定に従いその他の権限を行使する

【第94条】1．チェチェン共和国政府に与えられた権限の範囲内で採択したその法令（決議及び命令）はチェチェン共和国内に於いて強制力を持つ。

2．チェチェン共和国政府の法令はロシア連邦憲法、ロシア連邦の権能に属する事項及びロシア連邦とチェチェン共和国共同権能に属する事項に関して採択された連邦諸法、ロシア連邦大統領令、ロシア連邦政府決

議、チェチェン共和国憲法、共和国諸法、チェチェン共和国大統領令に矛盾してはならない。

【第95条】チェチェン共和国大統領が新たに選出された場合、チェチェン共和国政府は全権を奉還し、チェチェン共和国政府がチェチェン共和国大統領不信任を採択し、もしくはチェチェン共和国大統領を解任した場合、チェチェン共和国政府はロシア連邦大統領の決定により辞職する。本憲法に定めるチェチェン共和国政府の総辞職（全権奉還）に当たっては、政府はチェチェン共和国新政府が発足するまでその活動を継続する。

第七章　裁判所、検事局、弁護士会、公証機関

【第96条】1．チェチェン共和国において裁判は裁判所のみがこれを行う。非常裁判所及び連邦憲法法に定めのない裁判所を設立することは許されない。

2．裁判権は憲法裁判、民事裁判、行政裁判、刑事裁判の手続を経て行使する。

3．チェチェン共和国領土においてはチェチェン共和国憲法裁判所、調停判事、並びに連邦裁判所、チェチェン共和国最高裁判所、チェチェン共和国仲裁裁判所、地方裁判所及び特殊裁判所が設置されている。

4．その他のいかなる機関、公務員もしくはその他の者も裁判の権能を私する権利を有しない。

【第97条】1．裁判官はロシア連邦憲法及び法律により裁判を行う権限を付与され、職業としてその職務を行う者である。

2．裁判官は全て連邦憲法法及び連邦法に定める共通の地位を持つ。裁判官の範疇による法的地位の区分は連邦法に定め、また連邦法にその旨記載がある場合、チェチェン共和国諸法にもこれを定める。

3．連邦諸法によりチェチェン共和国憲法裁判所およびチェチェン共和国調停判事の追加要件を定めることもある。

【第98条】1．裁判官は独立の存在であり、ロシア連邦憲法及び連邦法のみに拘束され、またチェチェン共和国憲法、共和国諸法に従う。
2．裁判官は罷免されず、連邦法に定める手続で任命され、調停判事はチェチェン共和国法律により任命（選挙）される。裁判官の権限は連邦法に定める手続並びに根拠によらずして停止もしくは中断されることはない。
3．裁判官は不可侵であり、連邦法に定める手続を経ずして刑事責任に問われることはない。
【第99条】1．裁判所における審理は公開とする。非公開の法廷における審理は連邦法に定める場合のみ許される。訴訟は両者の平等を原則として弁論により行われる。
2．チェチェン共和国において訴訟はロシア語で行う。訴訟の言語を知らない訴訟当事者には通訳を帯同して裁判書類を読み、訴訟行為に参加する権利が与えられ、また自国語で陳述を行う権利を有す。
【第100条】1．チェチェン共和国憲法裁判所はチェチェン共和国諸法、チェチェン共和国立法府、チェチェン共和国大統領、チェチェン共和国政府、その他のチェチェン共和国行政機関、チェチェン共和国地方自治体の規範的法令のチェチェン共和国憲法に対する適合性を審査することを目的とする。
2．チェチェン共和国憲法裁判所は
aチェチェン共和国国権諸機関間並びにチェチェン共和国国権機関と地方自治体との間の論争を解決する
bチェチェン共和国国民投票に付される案件のチェチェン共和国憲法との適合性を決定する
cチェチェン共和国大統領及びチェチェン共和国立法府両院の諮問に答え、チェチェン共和国憲法の解釈を下す
3．チェチェン共和国憲法裁判所の費用は共和国予算から支出する。
4．チェチェン共和国憲法裁判所はチェチェン共和国法律に定める手続によりその権限に委ねられる案件

を審理する。
5．チェチェン共和国憲法裁判所がその権限の範囲内で下した決定を他の裁判所で再審理することはない。
6．チェチェン共和国憲法裁判所議長、副議長、その他の裁判官の間での権限の配分は連邦諸法及びチェチェン共和国法律に定める。
【第101条】 1．調停判事はチェチェン共和国の一般司法裁判官であり、ロシア連邦統一裁判機構に属す。調停判事の権限、執務規則、調停判事職創設規則は連邦法に定め、職務規則はまたチェチェン共和国諸法にも定める。
2．調停判事はその権限の範囲内において第一審裁判所の資格で民事、行政、刑事の事案を審理する。
3．調停判事職及びその管轄区はチェチェン共和国諸法によりこれを創設し、また廃止する。
【第102条】 チェチェン共和国領土内における連邦裁判所の権限、設立手続、業務はロシア連邦憲法、連邦憲法法その他の連邦法に定める。
【第103条】 1．チェチェン共和国検察庁はロシア連邦検察庁集中統一機構に属し、下位検事は上位検事及びロシア連邦検事総長の指揮下に入る。
2．検察庁諸機関の業務に係わる権限、組織、手続は連邦法に定める。
【第104条】 1．チェチェン共和国検事はロシア連邦検事総長がチェチェン共和国大統領及び共和国議会と合意の上任命し、ロシア連邦検事総長が解任する。チェチェン共和国のその他の検事はロシア連邦検事総長が任命し、解任する。
2．チェチェン共和国検事、各地区、市の検事はいかなるチェチェン共和国国権機関、地方自治体諸機関、それらの公務員からも独立して権限を行使する。
【第105条】 チェチェン共和国における弁護士会は弁護を任とする独立した職業的共同体である。弁護士会の組織、執務規則は連邦法およびチェチェン共和国法に規定する。

【第106条】チェチェン共和国における公証機関はロシア連邦憲法、チェチェン共和国憲法に従い、ロシア連邦の名において公証行為を行うことによって国民及び法人の権利と法的利益を擁護することを目的とする。公証機関の組織および執務規則は連邦法およびチェチェン共和国法に定める。

第八章　地方自治

【第107条】1．チェチェン共和国においては地方自治により地方独自の問題および地方の財産の所有、利用、処分は住民の自発的意志に任せられる。地方自治体の構造は住民が法に従って決定する。

2．地方自治はその地方の選挙管理機関または類似の機関を通じた住民による選挙，信任投票または直接意思表示によって執行される。

【第108条】1．地方自治は都市部、農村部またはその他の地域における歴史的または地域的な伝統を勘案して実施される。

2．地方自治を行使する地域の境界線変更はそれぞれの地域に居住する住民の意思を勘案して行われる。

【第109条】1．チェチェン共和国の地方自治体設立手順及びその活動の運営は地方自治体運営一般原則に関する連邦法、チェチェン共和国地方自治体法、地方行政主体の憲章に定める。

2．グローズヌイ市における地方自治諸機関の設立についてはその独自性を共和国諸法に定めることができる。

【第110条】1．地方自治体は独自にその資産を運用し、地方予算を作成、承認、執行し、租税及び賦課金を設け、社会秩序を維持し、その他その地方独自の問題を解決する。

2．地方自治体はチェチェン共和国の法律により国からその権限の一部を分与され、その行使に必要な資機材及び資金の引渡しを受けることができる。分与された権限の行使については国権機関の監督を受ける。

【第111条】地方自治は裁判所の保護を受ける権利、国権機関の決定によって発生した追加経費の補償を受ける権利、ロシア連邦憲法、連邦諸法、チェチェン共和国憲法、共和国諸法に定める地方自治権に対する制限の禁止により保障する。

第九章　憲法の修正と憲法見直し

【第112条】1．チェチェン共和国憲法はチェチェン共和国国民投票により採択する。

2．チェチェン共和国憲法条文の修正及び見直しはチェチェン共和国大統領、チェチェン共和国立法府がチェチェン共和国憲法会議に対しこれを提案することができる。チェチェン共和国憲法会議にチェチェン共和国憲法条文の修正及び（又は）見直しを提案するための手続並びにチェチェン共和国憲法会議の地位、設立の手続、活動はチェチェン共和国法律に定める。

3．チェチェン共和国憲法会議はロシア連邦憲法に矛盾し、国民及び人の権利と自由を侵害し、チェチェン共和国で行われている共和国形態の統治及び立憲体制の根幹に違反する憲法条文の修正案及び見直し案を受理し、また国民投票に付することはできない。

4．チェチェン共和国憲法会議は共和国法に定める手続によりチェチェン共和国憲法第四―七章の修正を採択する権利を有す。上記修正はチェチェン共和国憲法会議において少なくともその総定数の三分の二の賛成を持って採択する。

5．チェチェン共和国憲法の条文の修正及び（又は）見直しの提案は、チェチェン共和国憲法会議定数の三分の二以上がこれを国民投票に付すことに賛成ならば、共和国国民投票に付す。

6．チェチェン共和国の地域行政単位の名称変更に際しては、その新名称はチェチェン共和国大統領令によりチェチェン共和国憲法に記載する。

第Ⅱ部　補則及び経過規定

1．チェチェン共和国憲法はそのチェチェン共和国国民投票の結果を公表した日から発効する。発効日より1年間はチェチェン共和国憲法を修正することはできない。

2．チェチェン共和国行政府の長はチェチェン共和国憲法発効日より選挙で選ばれたチェチェン共和国大統領が就任するまでチェチェン共和国憲法に定めるチェチェン共和国大統領の権限を代行する。チェチェン共和国大統領代行は人民会議選出までの間、並びにチェチェン共和国大統領選出後チェチェン共和国政府議長を任命し、またこれを解任する。

3．チェチェン共和国立法府がしかるべきチェチェン共和国諸法を採択するまでの間、チェチェン共和国国権諸機関は連邦法制及び共和国の権限の範囲内で国権機関が公布するチェチェン共和国大統領代行者の法令に従い、選挙後はチェチェン共和国大統領の法令に従う。共和国予算及び行政地域制度等法規制を必要とする案件に関しては、チェチェン共和国立法府選出までの期間においてはチェチェン共和国大統領代行者の、選挙後はチェチェン共和国大統領の公布する法令はチェチェン共和国国家会議の審議を受けなくてはならない。上記の法令はチェチェン共和国国家会議の承認を得てはじめて効力を得る。国家会議はまたチェチェン共和国諸法案を作成及び（又は）審議し、定められた手続によりこれをチェチェン共和国人民会議での審議に付す。国家会議にはグローズヌイ市、アルグン市、グデルメス市、共和国各地区の長、ならびに地域住民の集会で選ばれた上記地域行政組織の代表者各1名が国家会議議員として参加する。国家会議議員はロシア連邦連邦議会連邦協議会代表としての権限終了までを任期として選挙する。国家会議はチェチェン共和国立法府両院の始動と同時にその任期を終了する。

4．チェチェン共和国において地方自治に関する諸法採択並びにこれら諸法に基づく地方自治体発足までの期間、各地方行政組織の権限はチェチェン共和国大統領代行者が発足させ、後にチェチェン共和国大統領が選んだチェチェン共和国各行政区および各集落がこれを行使する。上記行政組織は当該行政区各集落の住民集会の決定に基づき、チェチェン共和国領土にある地域裁判所陪審員の名簿を作成する。チェチェン共和国大統領代行者、あるいは選挙後は大統領本人が国家会議の提出する地域人民裁判所陪審員名簿を承認する。チェチェン共和国会議議員選挙後は共和国会議がこの名簿を提出する。

5．チェチェン共和国選挙管理委員会はチェチェン共和国憲法にかかわる国民投票実施日の委員構成のまま任期満了まで権限を行使する。

6．チェチェン共和国憲法は連邦諸法及びこれに従ったロシア連邦大統領令に基づいて採択する。

7．チェチェン共和国大統領選挙は本憲法採択より6カ月以上の期間をおいて実施する。

8．チェチェン共和国立法府の第一回目の議員選挙はチェチェン共和国大統領選挙より3カ月以上の期間をおいて実施する。

9．チェチェン共和国大統領及びチェチェン共和国立法府両院の第一回目の議員の選挙は連邦法およびロシア連邦大統領令、並びにチェチェン共和国憲法にかかわる投票と同時にチェチェン共和国国民投票で採択されたチェチェン共和国諸法に基づいて実施する。チェチェン共和国憲法にかかわる投票と同時に行われるチェチェン共和国国民投票で採択された諸法の修正はチェチェン共和国諸法の変更と同様の手続を要す。

10．連邦諸法及び本憲法に従って最初に選ばれたチェチェン共和国大統領はチェチェン共和国選挙管理員会がチェチェン共和国大統領選挙の総合的結果を公表した日から10日目に就任する。

【著　者】

ムサー・アフマードフ　　Муса Ахмадов
1956年、旧ソ連のキルギスに生まれる。

チェチェン・イングーシ国立大学文学部で文献学、語学、文学の学位を取得。公立学校の教師を務めたのち、文学雑誌「オルガ」編集長、チェチェン国立大学教員などを歴任。現在はグローズヌイで刊行されている雑誌「ヴァイナフ」編集長。

チェチェン語の著書に小説「たそがれの中の木々」（1989年）があり、ロシア語でも「アリ塚をこわすな」（1990年）「空き家の夜」（1991年）「明け方、星が消えるとき」（1993年）など多数。

ほかにも中等学校用の教科書やチェチェン語の教授法などの執筆に携わり、2002年には戯曲「オオカミたち」をフランスで出版し、上演されるなど、幅広い文筆活動を手がけている。


【訳　者】

今西 昌幸（いまにし・まさゆき）

1934年、東京・神田駿河台に生まれる。

1959年、東京外国語大学ロシア語科卒業。

元社団法人ソ連東欧貿易会常務理事。通商産業省の委託による調査報告書「ソ連極東地域と日本との経済関係」、日本貿易振興会刊行の「中国経済」誌で「ソ連の経済特区構想」などを執筆してきた。

現在貿易業を営む一方、本書の【資料】に収録したような、チェチェン関連資料の翻訳に携わっている。

【装　丁】
松田 礼一（商業デザインセンター）

【章扉イラスト・地図製作】
大富　亮（チェチェンニュース編集・発行人）

НОХЧИЙН
ГIИЛЛАКХ-
ОЬЗДАНГАЛЛА
Автор- Муса Ахмадов
ЧЕЧЕНСКАЯ ТРАДИЦИОННАЯ
КУЛЬТУРА И ЭТИКА
Учебник для 10-11 классов
на чеченском языке
Подписана в печать 07.03.2002

チェチェン民族学序説

●2009年 3 月 1 日————————第 1 刷発行

著　者／ムサー・アフマードフ
訳　者／今 西 昌 幸
発行所／株式会社 高文研
東京都千代田区猿楽町2-1-8 〒101-0064
TEL 03-3295-3415　振替00160-6-18956
http://www.koubunken.co.jp
組版/Ｗｅｂ Ｄ（ウェブ・ディー）
印刷・製本／モリモト印刷株式会社
★乱丁・落丁本は送料当社負担でお取り替えします。
ISBN978-4-87498-417-8 C0039